NEJLEPŠÍ OSTROVNÍ KUCHAŘKA

100 receptů z ostrovů Indického, Atlantského a Tichého oceánu

Barbora Tomášková

Materiál chráněný autorským právem ©2024

Všechna práva vyhrazena

Žádná část této knihy nesmí být použita nebo přenášena v jakékoli formě nebo jakýmikoli prostředky bez řádného písemného souhlasu vydavatele a vlastníka autorských práv, s výjimkou krátkých citací použitých v recenzi. Tato kniha by neměla být považována za náhradu lékařských, právních nebo jiných odborných rad.

OBSAH _

OBSAH _ 3
ÚVOD 7
ATLANTIKUKÝ OCEÁN 8
   1. Čerstvé Atlantikuké soté z lososa 9
   2. Atlantská paella z mořských plodů 11
   3. Thieboudienne/Chebu jën 13
   4. Klasická newyorská polévka ze škeblí 16
   5. Tacos z tresky obecné 18
   6. Smažené ústřice 20
   7. Sherry krevety 22
   8. Atlantské modré krabí dorty 24
   9. Toast s krevetami 26
   10. Atlantikuký kebab s mečounem 28
   11. Snídaňový zábal ze špenátu a fety 30
   12. Středomořský salát s tuňákem a bílými fazolemi 32
   13. Pečený losos 34
   14. Atlantiku Modrá rybka Ceviche 36
   15. Restované krevety a špenát 38
   16. Trail Mix 40
   17. Grilovaný losos z Atlantiku 42
   18. Atlantiku Škeble Linguine 44
   19. Lobster z Atlantiku 46
TICHÝ OCEÁN 48
   20. Tichý Ahi Poke Miska 49
   21. Tichý Halibut Tacos 51
   22. Tichomořské špízy Teriyaki z lososa 53
   23. Krabí salát Tichý Dungeness 55
   24. Tichýká paella 57
   25. Bílá ryba Ceviche 59
   26. Pikantní marinovaný Ceviche 61
   27. Černá škeble Ceviche 63

28. Trucha a la Plancha/Grilovaný pstruh 65
29. Parihuela/Polévka z mořských plodů 67
30. Polévka z krevet 70
31. Rybí polévka 73
32. Mořské plody rýže 76
33. Nakládané ryby 79
34. Fialový kukuřičný pudink 82
35. Čaj z koky 84
36. Quinoa pudink 86
37. Smažené jitrocele 88
38. Yuca Fries 90
39. Lima fazole v koriandrové omáčce 92
40. Dušené jehněčí 94
41. Adobo/marinovaný vepřový guláš 97
42. Grilované hovězí srdce Špejle 99

INDICKÝ OCEÁN 101

43. Chevda 102
44. Keňan Nyama Choma 105
45. Rybí guláš 107
46. Zázvorové pivo 109
47. Masala omeleta 111
48. Ch ai chladič 113
49. Paratha plněná květákem 115
50. Chléb plněný špenátem 117
51. Pikantní popraskaná pšenice s kešu oříšky 119
52. Chai kořeněná horká čokoláda 122
53. Palačinky z cizrnové mouky 124
54. Krém z pšeničných palačinek 126
55. Masala Tofu Škrábat se 129
56. Sladké palačinky 131
57. Chai Mléko kaše 133
58. Kořeněný popcorn na sporáku 135
59. Pečené ořechy masala 137
60. Čajem kořeněné pražené mandle a kešu 139
61. Pečené zeleninové čtverečky 141
62. Chai kořeněné pražené ořechy 144

63. Dip z pečeného lilku 146
64. Pikantní sladké bramborové placičky 149
65. Sharonovy zeleninové salátové sendviče 152
66. Sojový jogurt Raita 154
67. Kořeněné tofu a rajčata..156
68. Kmínová bramborová kaše 159
69. Hořčičný bramborový hash 161
70. Zelí s hořčičnými semínky a kokosem 163
71. Fazole s bramborami..165
72. Lilek s bramborami..167
73. Základní zeleninové kari...170
74. Masala růžičková kapusta...172
75. Červená řepa s hořčičnými semínky a kokosem 174
76. Strouhaná masala squash...176
77. Praskající Okra 178
78. Kořeněná zelená polévka...180
79. Bramborové, květákové a rajčatové kari 183
80. Kořeněná čočková polévka 185
81. Rajčatová a kmínová polévka...187
82. Kořeněná dýňová polévka 189
83. Pikantní rajčatový Rasam..191
84. Koriandrová a mátová polévka...193
85. Dýňové kari s pikantními semínky 195
86. Tamarind Ryba Curry..197
87. Losos v kari s příchutí šafránu..199
88. Okra kari 201
89. Zeleninové Kokosové Kari..203
90. Kapustové kari 205
91. Karfiolové kari 207
92. Karfiolové a bramborové kari 209
93. Dýňové kari 211
94. Smažte zeleninu 213
95. Rajčatové kari 215
96. Bílá tykev kari 217
97. Míchané zeleninové a čočkové kari 219
98. Ananasovo-zázvorová šťáva 221
99. Marakuja šťáva..223

100. Smažená tilapie 225
ZÁVĚR 228

ÚVOD

Vydejte se na kulinářskou cestu přes rozlehlé a rozmanité oceány s „Nejlepší Ostrovní Kuchařka", sbírkou, která vám přináší 100 vynikajících receptů z ostrovů Indického, Atlantského a Tichého oceánu. Tato kuchařka je vaším pasem k bohaté tapisérii chutí, které definují gastronomické zázraky ostrovů roztroušených po těchto mocných oceánech. Přidejte se k nám, když oslavujeme rozmanitost, tradice a jedinečné kulinářské zážitky, díky kterým je ostrovní kuchyně skutečným pokladem.

Představte si sluncem zalité pláže, rytmické zvuky mořských vln a pulzující tržiště plná čerstvých tropických surovin. „Nejlepší Ostrovní Kuchařka" není jen sbírka receptů; je to zkoumání odlišných chutí, které vyvstávají ze sbližování kultur, krajiny a bohatství oceánů. Ať už sníte o kořením nabitých pokrmech z Indického oceánu, o pochoutkách z mořských plodů z ostrovů v Atlantiku nebo o tropických příchutích tichomořských ostrovů, tyto recepty jsou vytvořeny tak, aby vás přenesly do srdce ostrovního života.

Od aromatických kari po grilované hody z mořských plodů a od osvěžujících koktejlů po dekadentní dezerty, každý recept je oslavou jedinečného kulinářského dědictví ostrovů. Ať už plánujete tropickou hostinu, připravujete svá oblíbená jídla na dovolenou nebo se prostě snažíte přidat do svého denního menu špetku ostrovního vkusu, „Nejlepší Ostrovní Kuchařka" je vaším oblíbeným zdrojem pro zachycení podstaty ostrovního života ve vašem kuchyně.

Přidejte se k nám, když se ponoříme do oceánů, prozkoumáme živé kultury ostrovního života a vychutnáme si mimořádné chutě, díky nimž je ostrovní kuchyně nezapomenutelným zážitkem. Nasbírejte tedy své exotické koření, přijměte čerstvost tropického ovoce a vydejte se na kulinářskou cestu „Nejlepší Ostrovní Kuchařka".

ATLANTIKUKÝ OCEÁN

1. Čerstvé Atlantikuké soté z lososa

SLOŽENÍ:
- 3 Filety z lososa
- 1 polévková lžíce Máslo
- ¼ lžičky sůl
- ½ šálku Kořeněná mouka
- 1 polévková lžíce Nakrájené rajče
- 1 polévková lžíce Nakrájená zelená cibule
- 1 polévková lžíce Nakrájená houba
- 2 polévkové lžíce Bílé víno na vaření
- ½ Šťáva z malého citronu
- 2 polévkové lžíce Měkké máslo

INSTRUKCE:
a) Lososa nakrájíme na tenké plátky. Lososa osolíme a osolíme a obalíme v mouce.
b) Na másle rychle opečeme z každé strany a vyjmeme. Přidejte nakrájené houby, rajče, zelenou cibulku, citronovou šťávu a bílé víno.
c) Snižte teplotu asi na 30 sekund. Vmíchejte máslo a podávejte omáčku na lososa.

2.Atlantská paella z mořských plodů

SLOŽENÍ:
- 1 šálek rýže Arborio
- 1/2 lb krevety, oloupané a zbavené
- 1/2 lb mušle, očištěné
- 1/2 lb chobotnice, očištěné a nakrájené
- 1 cibule, nakrájená na kostičky
- 2 rajčata, nakrájená
- 3 stroužky česneku, nasekané
- 2 hrnky kuřecího vývaru
- 1 lžička šafránových nití
- 1/2 lžičky uzené papriky
- Sůl a pepř na dochucení

INSTRUKCE:
a) V pánvi na paellu orestujte cibuli a česnek, dokud nezměknou.
b) Přidejte rajčata, rýži, šafrán a papriku a míchejte 2 minuty.
c) Zalijeme kuřecím vývarem a přivedeme k varu.
d) Na rýži položte krevety, mušle a chobotnice.
e) Přikryjte a vařte, dokud rýže nezměkne a mořské plody se neprovaří.

3. Thieboudienne/Chebu jën

SLOŽENÍ:
- 2 libry Celá ryba (nebo filé, viz varianty), očištěná
- 1/4 šálku petrželky, jemně nasekané
- 2 nebo 3 pálivé chilli papričky nakrájené nadrobno
- 2 nebo 3 stroužky česneku, mletého
- Osolíme a opepříme, dochutíme
- 1/4 šálku arašídů, červené palmy nebo rostlinného oleje
- 2 cibule, nakrájené
- 1/4 šálku rajčatové pasty
- 5 šálků vývaru nebo vody
- 3 mrkve, nakrájené na kolečka
- 1/2 hlavy zelí, nakrájené na měsíčky
- 1/2 libry dýně nebo zimní dýně, oloupané a nakrájené na kostky
- 1 lilek, kostkový
- 2 šálky rýže
- Osolíme a opepříme, dochutíme
- 3 citrony, nakrájené na měsíčky

INSTRUKCE:

a) Rybu zevnitř i zvenku opláchněte studenou vodou a osušte. Vyřízněte tři diagonální řezy asi 1/2 palce hluboké na každé straně ryby. Smíchejte nasekanou petrželku, chilli papričky, česnek, sůl a pepř a směs (tzv. roff) naplňte na řízky na rybě.

b) Olej rozehřejte ve velkém, hlubokém hrnci na středně vysokém plameni. Rybu opečte z obou stran na rozpáleném oleji a vyndejte na talíř.

c) Do rozpáleného oleje přidejte nakrájenou cibuli a opékejte, dokud se neprovaří a nezačne hnědnout, 5 až 7 minut. Vmíchejte rajčatový protlak a asi 1/4 šálku vody a vařte další 2 až 3 minuty.

d) Vmíchejte vývar nebo vodu, mrkev, zelí, dýni a lilek a vařte na středním plameni 35 až 45 minut, nebo dokud nebude zelenina provařená a měkká. Přidejte opečené ryby a vařte dalších asi 15 minut. Rybu a zeleninu a asi 1 šálek vývaru vyjměte na talíř, přikryjte a vložte do teplé trouby.

e) Zbylý vývar přecedíme, sušinu vyhodíme. Přidejte do vývaru tolik vody, abyste vytvořili 4 šálky a vraťte do tepla. Vývar přivedeme k varu, vmícháme rýži a dochutíme solí a pepřem. Snižte teplotu na středně nízkou, zakryjte a vařte 20 minut, nebo dokud není rýže uvařená a měkká.

f) Uvařenou rýži rozprostřete na velký servírovací talíř, včetně všech křupavých kousků (xooñ), které ulpívají na dně pánve. Zeleninu rozprostřete na střed rýže a pokladte rybou. Nakonec vše zalijeme odloženým vývarem. Podávejte s měsíčky citronu. Ceebu jen se tradičně jí rukama z běžné servírovací mísy.

4. Klasická newyorská polévka ze škeblí

SLOŽENÍ:
- 2 plátky slaniny, nakrájené
- 1 cibule, nakrájená
- 2 mrkve, nakrájené na kostičky
- 2 řapíkatý celer, nakrájený na kostičky
- 2 stroužky česneku, nasekané
- 1 lžička sušeného tymiánu
- 3 šálky nakrájených brambor
- 2 plechovky (10 oz každá) nakrájené škeble se šťávou
- 1 plechovka (28 uncí) drcených rajčat
- 2 hrnky kuřecího nebo zeleninového vývaru
- Sůl a pepř na dochucení

INSTRUKCE:
a) Ve velkém hrnci opečte slaninu do křupava. Přidejte cibuli, mrkev, celer a česnek. Vařte, dokud zelenina nezměkne.
b) Vmícháme tymián, brambory, škeble

5.Tacos z tresky obecné

SLOŽENÍ:
- 1 lb filetů z tresky Atlantikuké
- 1 hrnek univerzální mouky
- 1 lžička chilli prášku
- 1/2 lžičky kmínu
- 1 hrnek nakrájeného zelí
- 1/2 šálku nakrájených rajčat
- 1/4 šálku nasekaného koriandru
- Limetkové klínky
- Kukuřičné tortilly

INSTRUKCE:
a) V míse smícháme mouku, chilli prášek a kmín.
b) Filety z tresky vydlabejte ve směsi mouky, přebytky setřeste.
c) Na pánvi opečte tresku na oleji dozlatova a uvařenou.
d) Ohřejte tortilly a sestavte tacos s treskou, zelím, rajčaty a koriandrem.
e) Podávejte s měsíčky limetky.

6.Smažené ústřice

SLOŽENÍ:
- 1 pinta čerstvých ústřic
- 1 hrnek mouky
- 1/2 lžičky soli
- 1/4 lžičky černého pepře
- 2 vejce, rozšlehaná
- 1/4 šálku mléka
- Olej, na smažení

INSTRUKCE:
a) Ústřice opláchněte a osušte papírovou utěrkou.
b) V míse smícháme mouku, sůl a pepř.
c) V jiné míse prošlehejte vejce a mléko.
d) Ponořte ústřice do moučné směsi, poté do vaječné směsi a poté zpět do moučné směsi.
e) V hluboké pánvi rozehřejte olej na středně vysokou teplotu.
f) Na rozpáleném oleji smažíme ústřice z obou stran dozlatova.
g) Necháme okapat na papírových utěrkách a podáváme horké.

7.Sherry krevety

SLOŽENÍ:
- ½ tyčinkového másla
- 5 stroužků česneku, rozdrcených
- 1-1½ libry krevety; ostřelován a deveined
- ¼ šálku čerstvé citronové šťávy
- ¼ lžičky pepře
- 1 šálek vaření sherry
- 2 lžíce nasekané petrželky
- 2 lžíce nasekané pažitky
- Sůl podle chuti

INSTRUKCE:
a) Na pánvi na středním plameni rozpustíme máslo. Přidejte česnek, krevety, citronovou šťávu a pepř.
b) Vařte za stálého míchání, dokud krevety nezrůžoví (asi minut).
c) Přidejte kuchyňské sherry, petrželku a pažitku. Přiveďte pouze k varu.
d) Ihned podávejte na uvařené rýži.
e) Ozdobte citronem.

8. Atlantské modré krabí dorty

SLOŽENÍ:
- 1 lb Atlantikukého modrého krabího masa
- 1/2 šálku strouhanky
- 1/4 šálku majonézy
- 1 lžíce dijonské hořčice
- 1 vejce, rozšlehané
- 2 lžíce nasekané petrželky
- Sůl a pepř na dochucení
- Klínky citronu k podávání

INSTRUKCE:
a) V misce smíchejte krabí maso, strouhanku, majonézu, hořčici, vejce, petržel, sůl a pepř.
b) Ze směsi vytvarujte krabí koláčky.
c) Na pánvi rozehřejte olej a opečte krabí koláčky z obou stran dozlatova.
d) Podávejte s měsíčky citronu.

9.Toast s krevetami

SLOŽENÍ:
- 6 anglických muffinů, opečených a rozdělených
- 4½ unce konzervovaných krevet, scezených
- 2½ lžičky majonézy
- Česnekový prášek podle chuti
- 1 tyčinkový margarín
- 1 sklenice KRAFT „staroanglického" sýra

INSTRUKCE:
a) Na ohni promícháme a rozetřeme na poloviny muffinů.
b) Grilujte dozlatova a nakrájejte na 4.
c) Můžete to udělat dopředu a zmrazit.

10. Atlantikuký kebab s mečounem

SLOŽENÍ:
- 1 lb mečouna Atlantikukého, nakrájeného na kousky
- 1 paprika, nakrájená na kousky
- 1 červená cibule, nakrájená na kostičky
- Cherry rajčata
- 1/4 šálku olivového oleje
- 2 lžíce citronové šťávy
- 2 lžičky sušeného oregana
- Sůl a pepř na dochucení

INSTRUKCE:
a) Předehřejte gril na středně vysokou teplotu.
b) Na špejle napíchněte mečouna, papriku, červenou cibuli a cherry rajčata.
c) V misce smíchejte olivový olej, citronovou šťávu, oregano, sůl a pepř.
d) Kebab grilujte 8–10 minut, občas otočte a podlévejte směsí olivového oleje.
e) Podávejte horké.

11. Snídaňový zábal ze špenátu a fety

SLOŽENÍ:
- 2 velká vejce
- 1 šálek čerstvých špenátových listů
- 2 lžíce rozdrobeného sýra feta
- 1 celozrnná tortilla
- 1 lžíce olivového oleje
- Sůl a pepř na dochucení

INSTRUKCE:
a) Na pánvi na středním plameni rozehřejte olivový olej.
b) Přidejte listy čerstvého špenátu a vařte do zvadnutí.
c) V misce rozšleháme vejce a rozšleháme je na pánvi se špenátem.
d) Vejce posypeme sýrem feta a vaříme, dokud se mírně nerozpustí.
e) Směs vajec a špenátu vložte do celozrnné tortilly, srolujte a podávejte jako zábal.

12. Středomořský salát s tuňákem a bílými fazolemi

SLOŽENÍ:
- 1 plechovka (6 uncí) tuňáka ve vodě, okapaná
- 1 plechovka (15 uncí) bílých fazolí, scezená a propláchnutá
- ½ šálku cherry rajčat, rozpůlených
- ¼ šálku červené cibule, jemně nakrájené
- 2 lžíce čerstvé bazalky, nasekané
- 2 lžíce extra panenského olivového oleje
- 1 lžíce červeného vinného octa
- 1 stroužek česneku, nasekaný
- Sůl a pepř na dochucení

INSTRUKCE:
a) V misce smíchejte okapaného tuňáka, bílé fazole, cherry rajčata, červenou cibuli a čerstvou bazalku.
b) V malé misce smíchejte olivový olej, červený vinný ocet, mletý česnek, sůl a pepř.
c) Zálivkou pokapejte salát a promíchejte, aby se spojil.
d) Podávejte tento středomořský salát s tuňákem a bílými fazolemi jako lahodný oběd plný bílkovin.

13. Pečený losos

SLOŽENÍ:
NA PEČENÉHO LOSOSA:
- 2 filety z lososa (každý 6 uncí)
- 2 stroužky česneku, mleté
- 2 lžíce extra panenského olivového oleje
- 1 citron, šťáva
- 1 lžička sušeného oregana
- Sůl a pepř na dochucení

NA ŘECKÝ SALÁT:
- 1 okurka, nakrájená na kostičky
- 1 šálek cherry rajčat, napůl
- ½ červené cibule, nakrájené nadrobno
- ¼ šálku oliv Kalamata, zbavených pecek a nakrájených na plátky
- ¼ šálku rozdrobeného sýra feta
- 2 lžíce extra panenského olivového oleje
- 2 lžíce červeného vinného octa
- 1 lžička sušeného oregana
- Sůl a pepř na dochucení

INSTRUKCE:
NA PEČENÉHO LOSOSA:
a) Předehřejte troubu na 375 °F (190 °C).
b) V malé misce prošlehejte mletý česnek, extra panenský olivový olej, citronovou šťávu, sušené oregano, sůl a pepř.
c) Filety lososa položte na plech vyložený pečicím papírem.
d) Lososa potřeme směsí citronu a česneku.
e) Pečte 15–20 minut, nebo dokud se losos vidličkou snadno neloupe.

NA ŘECKÝ SALÁT:
f) Ve velké salátové míse smíchejte na kostičky nakrájenou okurku, cherry rajčata, červenou cibuli, olivy Kalamata a rozdrobený sýr feta.
g) V malé misce smíchejte extra panenský olivový olej, červený vinný ocet, sušené oregano, sůl a pepř.
h) Zálivkou pokapejte salát a promíchejte, aby se spojil.
i) Pečeného lososa podávejte s řeckým salátem.

14. Atlantiku Modrá rybka Ceviche

SLOŽENÍ:
- 1 lb filé z Atlantikuké modré ryby, nakrájené na kostičky
- 1 šálek limetkové šťávy
- 1 červená cibule, nakrájená nadrobno
- 1 okurka, nakrájená na kostičky
- 1 jalapeño, se semínky a mleté
- 1/4 šálku nasekaného koriandru
- Sůl a pepř na dochucení
- Tortilla chipsy na servírování

INSTRUKCE:
a) V misce smíchejte modrou rybu, limetkovou šťávu, cibuli, okurku, jalapeño, koriandr, sůl a pepř.
b) Dejte do lednice alespoň na 1 hodinu, aby se ryba mohla „uvařit" v citrusové šťávě.
c) Podávejte vychlazené s tortilla chipsy.

15. Restované krevety a špenát

SLOŽENÍ:

- 8 uncí velké krevety, oloupané a zbavené
- 2 lžíce extra panenského olivového oleje
- 2 stroužky česneku, mleté
- 6 šálků čerstvého špenátu
- ½ šálku cherry rajčat, rozpůlených
- 1 lžíce citronové šťávy
- ½ lžičky sušeného oregana
- Sůl a pepř na dochucení
- 1 až 2 cukety podélně rozpůlené, nakrájené na ½ měsíčků
- 1 hrnek uvařené cizrny z konzervované cizrny, scezené
- Sýrové drobky feta (volitelné)
- Hrst čerstvých lístků bazalky, natrhané

INSTRUKCE:

a) Ve velké pánvi rozehřejte extra panenský olivový olej na středně vysokou teplotu.
b) Přidejte nasekaný česnek a restujte asi 30 sekund, dokud nebude voňavý.
c) Přidejte plátky cukety a vařte 3–4 minuty, nebo dokud nezačnou měknout a lehce hnědnout.
d) Zatlačte cuketu na stranu pánve a přidejte krevety.
e) Vařte 2–3 minuty z každé strany nebo dokud nezrůžoví a nezprůhlední.
f) Do pánve přidejte cizrnu, cherry rajčata a čerstvý špenát. Restujeme, dokud špenát nezměkne a rajčata nezměknou.
g) Pokapeme citronovou šťávou a posypeme sušeným oreganem, solí a pepřem.
h) Promíchejte a vařte další minutu.
i) Je-li to žádoucí, před podáváním posypeme drobenkou sýru feta a natrhanými lístky čerstvé bazalky.

16. Trail Mix

SLOŽENÍ:
- 1 šálek syrových mandlí
- 1 šálek syrových kešu oříšků
- 1 šálek nesolených pistácií
- ½ šálku sušených meruněk, nakrájených
- ½ šálku sušených fíků, nakrájených
- ¼ šálku zlatých rozinek
- ¼ šálku sušených rajčat, nakrájených
- 1 lžíce olivového oleje
- ½ lžičky mletého kmínu
- ½ lžičky papriky
- ¼ lžičky mořské soli
- ¼ lžičky černého pepře

INSTRUKCE:
a) Předehřejte troubu na 325 °F (163 °C).
b) Ve velké míse smíchejte mandle, kešu oříšky a pistácie.
c) V malé misce prošlehejte olivový olej, mletý kmín, papriku, mořskou sůl a černý pepř.
d) Směsí koření pokapejte ořechy a promíchejte, aby se obalily rovnoměrně.
e) Ochucené ořechy rozprostřete na plech v jedné vrstvě.
f) Ořechy opékejte v předehřáté troubě 10–15 minut, nebo dokud nejsou lehce opečené. Nezapomeňte je občas promíchat, abyste zajistili rovnoměrné propečení.
g) Jakmile jsou ořechy opražené, vyjměte je z trouby a nechte zcela vychladnout.
h) Ve velké míse smíchejte pražené ořechy s nakrájenými sušenými meruňkami, fíky, zlatými rozinkami a sušenými rajčaty.
i) Smíchejte vše dohromady a vytvořte si středomořskou stezku.
j) Skladujte stezku ve vzduchotěsné nádobě pro svačinu na cestách.

17. Grilovaný losos z Atlantiku

SLOŽENÍ:
- 4 filety Atlantikukého lososa
- 2 lžíce olivového oleje
- 2 stroužky česneku, mleté
- 1 lžička citronové kůry
- 1 lžíce citronové šťávy
- Sůl a pepř na dochucení

INSTRUKCE:
a) Předehřejte gril na středně vysokou teplotu.
b) V malé misce smíchejte olivový olej, mletý česnek, citronovou kůru, citronovou šťávu, sůl a pepř.
c) Směsí potřeme filety lososa.
d) Lososa grilujte 4–5 minut z každé strany, nebo dokud se vidličkou snadno neoloupe.
e) Podávejte horké s oblíbenými přílohami.

18.Atlantiku Škeble Linguine

SLOŽENÍ:
- 1 lb linguine těstoviny
- 2 tucty Atlantikukých škeblí, vydrhnutých
- 3 lžíce olivového oleje
- 4 stroužky česneku, nasekané
- 1/2 lžičky vloček červené papriky
- 1/2 šálku suchého bílého vína
- 1/4 šálku nasekané čerstvé petrželky
- Sůl a černý pepř podle chuti

INSTRUKCE:
a) Linguine uvařte podle návodu na obalu.
b) Ve velké pánvi rozehřejte olivový olej a orestujte na něm vločky česneku a červené papriky, dokud nebudou voňavé.
c) Přidejte škeble a bílé víno, přikryjte a vařte, dokud se škeble neotevřou.
d) Přidejte vařené linguine, petržel, sůl a pepř.
e) Ihned podávejte.

19. Lobster z Atlantiku

SLOŽENÍ:
- 1 lb vařeného masa z humra Atlantikukého, nakrájeného
- 1/4 šálku majonézy
- 2 lžíce citronové šťávy
- 2 řapíkatý celer nakrájený nadrobno
- Sůl a pepř na dochucení
- Máslem a opečené housky v rohlíku s děleným topem

INSTRUKCE:
a) V misce smícháme humří maso, majonézu, citronovou šťávu, celer, sůl a pepř.
b) Směsí humrů naplňte opečené housky.
c) Okamžitě podávejte pro klasický zážitek z humří rolády.

TICHÝ OCEÁN

20. Tichý Ahi Poke Miska

SLOŽENÍ:
- 1 lb čerstvého tichýkého tuňáka ahi, na kostky
- 1/4 šálku sójové omáčky
- 1 lžíce sezamového oleje
- 1 lžíce rýžového octa
- 1 lžička strouhaného zázvoru
- 2 zelené cibule, nakrájené na tenké plátky
- 1 avokádo, nakrájené na kostičky
- 1 šálek sushi rýže, vařené
- Sezamová semínka na ozdobu

INSTRUKCE:
a) V misce smíchejte sójovou omáčku, sezamový olej, rýžový ocet a nastrouhaný zázvor.
b) Tuňáka nakrájeného na kostičky jemně vhoďte do omáčky.
c) Poke misku sestavte se sushi rýží, marinovaným tuňákem, nakrájenou zelenou cibulkou, na kostičky nakrájeným avokádem a posypte sezamovými semínky.
d) Ihned podávejte.

21. Tichý Halibut Tacos

SLOŽENÍ:
- 1 lb filé z platýse tichomořského
- 1/2 šálku mouky
- 1 lžička chilli prášku
- 1/2 lžičky kmínu
- 1 hrnek nakrájeného zelí
- 1/2 šálku nakrájeného ananasu
- 1/4 šálku koriandru, nasekaného
- Limetkové klínky
- Kukuřičné tortilly

INSTRUKCE:
a) V míse smícháme mouku, chilli prášek a kmín.
b) Filety z halibuta vydlabejte v moučné směsi a setřeste přebytek.
c) Na pánvi opečte halibuta na oleji do zlatova a provařeného.
d) Ohřejte tortilly a sestavte tacos s vařeným halibutem, krouhaným zelím, nakrájeným ananasem a koriandrem.
e) Podávejte s měsíčky limetky.

22. Tichomořské špízy Teriyaki z lososa

SLOŽENÍ:
- 1 lb filé z tichýkého lososa, nakrájené na kostky
- 1/4 šálku sójové omáčky
- 2 lžíce mirinu
- 1 lžíce medu
- 1 lžička strouhaného česneku
- 1 lžička strouhaného zázvoru
- Dřevěné špejle, namočené ve vodě

INSTRUKCE:
a) V misce prošlehejte sójovou omáčku, mirin, med, česnek a zázvor, abyste vytvořili omáčku teriyaki.
b) Kostky lososa napíchněte na špejle.
c) Špízy podlévejte teriyaki omáčkou na grilu, dokud nebude losos propečený.
d) Podávejte horké.

23.Krabí salát Tichý Dungeness

SLOŽENÍ:
- 1 lb vařené krabí maso Tichý Dungeness
- 1/2 šálku majonézy
- 1 lžíce dijonské hořčice
- 1 řapíkatý celer, nakrájený nadrobno
- 1 lžíce nasekaného čerstvého kopru
- Sůl a pepř na dochucení
- Listy máslového salátu k podávání

INSTRUKCE:
a) V misce smícháme krabí maso, majonézu, dijonskou hořčici, celer, kopr, sůl a pepř.
b) Krabí salát vložíme do listů máslového salátu.
c) Podávejte vychlazené.

24.Tichýká paella

SLOŽENÍ:

- 4 vykostěné půlky kuřecích prsou bez kůže
- 1 lžička papriky
- 1 lžička soli
- ¼ lžičky černého pepře
- ¾ liber jemné italské klobásy
- 16 uncí konzervovaných rajčat, okapaných a nahrubo nakrájených (nebo 20 sušených rajčat, balených v oleji, okapaných a nakrájených)
- 2 plechovky kuřecího vývaru
- ½ lžičky kurkumy
- ¼ lžičky šafránu
- 2 šálky rýže
- 1 velká cibule, nakrájená na měsíčky
- 2 stroužky česneku, mleté
- 1 libra středních krevet, oloupaných, vydlabaných a uvařených
- 1 zelená paprika, nakrájená na proužky
- 10 mušlí, očištěných a spařených

INSTRUKCE:

a) Kuřecí prsa nakrájíme na ½-palcové proužky. Smíchejte papriku, sůl a černý pepř v malé misce. Přidejte kuře a míchejte, dokud se veškeré koření nezapracuje do masa.
b) Klobásu nakrájejte na ¼-palcové kousky a odstraňte obal.
c) Pokud používáte sušená rajčata, rajčata zcela osušte papírovou utěrkou. Přidejte tolik vody do kuřecího vývaru, abyste získali 3-¾ šálků. Tuto směs přiveďte k varu na 12palcové pánvi.
d) Vmíchejte kurkumu, šafrán, rýži, cibuli, česnek, kuřecí maso, klobásu a rajčata.
e) Pánev přikryjeme a dusíme 20 minut.
f) Sundejte pánev z ohně a vmíchejte uvařené krevety a zelený pepř. Pokud chcete, přidejte mušle.
g) Nechte paellu stát zakrytou, dokud se všechna tekutina nevstřebá, asi 5 minut.

25. Bílá ryba Ceviche

SLOŽENÍ:
- 1 libra filé z čerstvých bílých ryb (jako je platýs nebo snapper), nakrájená na kousky velikosti sousta
- 1 šálek čerstvé limetkové šťávy
- 1 malá červená cibule, nakrájená na tenké plátky
- 1-2 čerstvé papričky rokoto nebo habanero, zbavené semínek a nakrájené nadrobno
- ½ šálku nasekaného čerstvého koriandru
- ¼ šálku nasekaných čerstvých lístků máty
- 2 stroužky česneku, mleté
- Sůl, podle chuti
- Čerstvě mletý černý pepř, podle chuti
- 1 sladký brambor, uvařený a nakrájený na plátky
- 1 klas kukuřice, vařený a odstraněná jádra
- Listy salátu, k podávání

INSTRUKCE:
a) V nereaktivní misce smíchejte kousky ryby s limetkovou šťávou a ujistěte se, že je ryba zcela zakrytá.
b) Necháme v lednici marinovat asi 20-30 minut, dokud ryba neprůhlední.
c) Z ryby slijte limetkovou šťávu a šťávu vylijte.
d) V samostatné misce smíchejte marinovanou rybu s červenou cibulí, rokotem nebo habanero papričkami, koriandrem, mátou a česnekem. Jemně promíchejte, aby se spojily.
e) Dochuťte solí a čerstvě mletým černým pepřem podle chuti. Upravte množství papriček rokoto nebo habanero podle požadované úrovně pikantnosti.
f) Nechte ceviche marinovat v lednici dalších 10-15 minut, aby se chutě spojily.
g) Ceviche podávejte vychlazené na lůžku z listů salátu, ozdobené plátky vařených batátů a kukuřičnými zrny.

26. Pikantní marinovaný Ceviche

SLOŽENÍ:

- 1 libra čerstvých rybích filé (jako je platýs, jazyk nebo chňapal), nakrájené na tenké plátky
- Šťáva ze 3-4 limetek
- 2 polévkové lžíce ají amarillo pasty
- 2 stroužky česneku, mleté
- 1 lžíce sójové omáčky
- 1 lžíce olivového oleje
- 1 lžička cukru
- Sůl, podle chuti
- Pepř, podle chuti
- Čerstvý koriandr, nasekaný, na ozdobu
- Červená cibule, nakrájená na tenké plátky, na ozdobu
- Rokoto nebo červená chilli papričky nakrájená na tenké plátky na ozdobu

INSTRUKCE:

a) Na tenké plátky nakrájené rybí filé dejte do mělké misky.
b) V misce smíchejte limetkovou šťávu, ají amarillo pastu, mletý česnek, sójovou omáčku, olivový olej, cukr, sůl a pepř. Šlehejte, dokud se dobře nespojí.
c) Nalijte rybu marinádou a ujistěte se, že je každý plátek rovnoměrně potažen.
d) Rybu necháme asi 10-15 minut marinovat v lednici. Kyselost limetkové šťávy rybu mírně „povaří".
e) Marinované rybí plátky rozložte na servírovací talíř.
f) Rybu pokapejte trochou marinády jako dresink.

27.Černá škeble Ceviche

SLOŽENÍ:

- 1 libra čerstvých černých škeblí (conchas negras), očištěných a vyloupaných
- 1 červená cibule, nakrájená na tenké plátky
- 2-3 rokoto nebo jiné pikantní chilli papričky nakrájené nadrobno
- 1 šálek čerstvě vymačkané limetkové šťávy
- ½ šálku čerstvě vymačkané citronové šťávy
- Sůl podle chuti
- Čerstvé lístky koriandru, nakrájené
- Kukuřičná zrna (volitelné)
- Sladké brambory, vařené a nakrájené (volitelné)
- Listy salátu (volitelné)

INSTRUKCE:

a) Černé škeble důkladně opláchněte pod studenou vodou, abyste odstranili veškerý písek nebo písek. Opatrně vyjměte škeble, vyhoďte skořápky a odložte maso. Maso škeble nakrájejte na kousky velikosti sousta.

b) V nereaktivní misce smíchejte nakrájené černé škeble, plátky červené cibule a rokoto nebo chilli papričky.

c) Nalijte čerstvě vymačkanou šťávu z limetky a citronu na směs škeblí a ujistěte se, že všechny přísady jsou pokryty citrusovou šťávou. To pomůže "uvařit" škeble.

d) Dochuťte solí podle chuti a vše jemně promíchejte.

e) Mísu zakryjte plastovou fólií a dejte do chladničky asi na 30 minut až 1 hodinu. Během této doby bude kyselina z citrusové šťávy dále marinovat a „uvařit" škeble.

f) Před podáváním ceviche ochutnejte a případně dochuťte.

g) Ozdobte čerstvě nasekanými lístky koriandru.

h) Volitelné: Podávejte ceviche s vařenými kukuřičnými zrny, nakrájenými sladkými bramborami a listy salátu pro větší texturu a přílohy.

i) Poznámka: Pro tento ceviche je důležité používat čerstvé a vysoce kvalitní černé škeble. Ujistěte se, že škeble pocházejí od spolehlivých dodavatelů mořských plodů a jsou před použitím řádně vyčištěny.

28.Trucha a la Plancha/Grilovaný pstruh

SLOŽENÍ:
- 4 filety ze pstruha, s kůží
- 2 polévkové lžíce rostlinného oleje
- Šťáva z 1 citronu
- Sůl a pepř na dochucení
- Čerstvé bylinky (jako je petržel nebo koriandr), nasekané (volitelně)
- Klínky citronu k podávání

INSTRUKCE:
a) Předehřejte gril nebo rozpalte velkou pánev na středně vysokou teplotu.
b) Filety ze pstruha opláchněte pod studenou vodou a osušte papírovou utěrkou.
c) Obě strany filetů ze pstruha potřete rostlinným olejem, aby byly rovnoměrně potažené.
d) Filety z obou stran osolte, opepřete a zakápněte citronovou šťávou.
e) Filety ze pstruha položte kůží dolů na gril nebo pánev.
f) Opékejte asi 3-4 minuty z každé strany, nebo dokud ryba není neprůhledná a snadno se vidličkou loupe. Kůže by měla být křupavá a zlatohnědá.
g) Filety pstruha stáhněte z ohně a přendejte je na servírovací talíř.
h) Posypte filety čerstvými bylinkami (pokud je používáte) pro přidání chuti a ozdobte.
i) Trucha a la Plancha/Grilovaného pstruha podávejte horké, doplněné o měsíčky citronu na vymačkání ryby.
j) Můžete podávat s přílohou dušené zeleniny, rýže nebo salátu na dokončení jídla.

29.Parihuela/Polévka z mořských plodů

SLOŽENÍ:
- 1,1 libry smíšených mořských plodů (krevety, chobotnice, mušle, chobotnice atd.)
- 1,1 libry filé z bílé ryby (jako je jazyk mořského, chňapal nebo treska)
- 1 cibule, nakrájená nadrobno
- 4 stroužky česneku, nasekané
- 2 rajčata, oloupaná a nakrájená
- 2 lžíce rajčatového protlaku
- 2 polévkové lžíce rostlinného oleje
- 1 lžíce pasty aji amarillo
- 4 šálky vývaru z ryb nebo mořských plodů
- 1 šálek bílého vína
- 1 šálek vody
- 1 lžička mletého kmínu
- 1 lžička sušeného oregana
- ¼ šálku nasekaného koriandru
- Sůl a pepř na dochucení

INSTRUKCE:
a) Zahřejte rostlinný olej ve velkém hrnci nebo holandské troubě na střední teplotu.
b) Do hrnce přidejte nakrájenou cibuli a nasekaný česnek a restujte, dokud nezezlátnou.
c) Vmícháme nakrájená rajčata a rajčatový protlak.
d) Vařte několik minut, dokud rajčata nezměknou.
e) Pokud používáte aji amarillo pastu, přidejte ji do hrnce a dobře promíchejte s ostatními ingrediencemi.
f) Zalijeme bílým vínem a necháme pár minut povařit, aby se snížil alkohol.
g) Do hrnce přidejte vývar z ryb nebo mořských plodů a vodu. Přiveďte k varu.
h) Rybí filé nakrájejte na kousky velikosti sousta a přidejte je do hrnce.
i) Snižte plamen na minimum a nechte polévku vařit asi 10 minut nebo dokud se ryba nepropeče.
j) Do hrnce přidejte rozmixované mořské plody (krevety, chobotnice, mušle, chobotnice atd.) a vařte dalších 5 minut nebo dokud nejsou mořské plody uvařené a měkké.
k) Polévku Parihuela/mořské plody dochuťte mletým kmínem, sušeným oreganem, solí a pepřem. Dochucení upravte podle své chuti.
l) Polévku přisypeme nakrájený koriandr a zlehka promícháme.
m) Odstraňte hrnec z ohně a před podáváním nechte pár minut odpočinout.
n) Polévku Parihuela/mořské plody podávejte horkou v polévkových miskách spolu s křupavým chlebem nebo vařenou rýží.

30.Polévka z krevet

SLOŽENÍ:
- 1 libra krevet, oloupaných a zbavených
- 1 lžíce olivového oleje
- 1 cibule, nakrájená nadrobno
- 3 stroužky česneku, nasekané
- 1 lžička mletého kmínu
- 1 lžička sušeného oregana
- 2 polévkové lžíce ají amarillo pasty (nebo nahradit žlutou chilli pastou)
- 2 šálky rybího nebo zeleninového vývaru
- 1 šálek odpařeného mléka
- 1 šálek mražených kukuřičných zrn
- 1 hrnek nakrájených brambor
- 1 šálek na kostičky nakrájené mrkve
- 1 šálek na kostičky nakrájené cukety
- ½ šálku hrášku
- ½ šálku nakrájené červené papriky
- ½ šálku nakrájené zelené papriky
- ¼ šálku nasekaného čerstvého koriandru
- Sůl a pepř na dochucení
- 2 vejce, rozšlehaná
- Čerstvý sýr, rozdrobený, na ozdobu
- Čerstvý koriandr, nasekaný, na ozdobu

INSTRUKCE:
a) Ve velkém hrnci rozehřejte na středním plameni olivový olej.
b) Přidejte nakrájenou cibuli a prolisovaný česnek. Opékejte, dokud cibule nezprůsvitní a česnek nezavoní.
c) Do hrnce přidejte mletý kmín, sušené oregano a pastu ají amarillo. Dobře promíchejte, aby se spojily a vařte další minutu, aby se uvolnily chutě.
d) Přidejte rybí nebo zeleninový vývar a přiveďte k varu. Snižte teplotu na minimum a vařte asi 10 minut, aby se chutě spojily.
e) Do hrnce přidejte odpařené mléko, mražená kukuřičná zrna, nakrájené brambory, mrkev, cuketu, hrášek, červenou papriku, zelenou papriku a nasekaný koriandr. Dobře promíchejte a dochuťte solí a pepřem podle chuti.
f) Směs dusíme asi 15 minut, nebo dokud zelenina nezměkne.
g) Mezitím v samostatné pánvi orestujte krevety na trošce olivového oleje, dokud nezrůžoví a neprovaří. Dát stranou.
h) Jakmile je zelenina měkká, za stálého míchání pomalu vlijte do hrnce rozšlehaná vejce. Tím se vytvoří stuhy vařeného vejce v celé polévce.
i) Přidejte uvařené krevety do hrnce a jemně promíchejte, aby se spojily. Polévku nechte dalších 5 minut provařit, aby se chutě propojily.
j) Chupe de Camarones/polévku z krevet podávejte horké, ozdobené rozdrobeným čerstvým sýrem a nasekaným čerstvým koriandrem.

31.Rybí polévka

SLOŽENÍ:
- 1 libra bílých rybích filé (jako je snapper, treska nebo tilapie), nakrájená na kousky velikosti sousta
- 1 cibule, nakrájená nadrobno
- 3 stroužky česneku, nasekané
- 2 polévkové lžíce rostlinného oleje
- 2 polévkové lžíce pasty ají amarillo nebo náhražku pyré ze žluté papriky
- 2 šálky vývaru z ryb nebo mořských plodů
- 2 šálky vody
- 2 střední brambory, oloupané a nakrájené na kostičky
- 1 šálek mražených kukuřičných zrn
- 1 šálek odpařeného mléka
- 1 šálek čerstvého nebo mraženého hrášku
- 1 šálek strouhaného sýra (jako je mozzarella nebo čedar)
- 2 lžíce nasekaného čerstvého koriandru
- Sůl a pepř na dochucení
- Klínky limetky na servírování

INSTRUKCE:

a) Ve velkém hrnci zahřejte na středním plameni rostlinný olej.
b) Přidejte nakrájenou cibuli a nasekaný česnek a restujte, dokud cibule nezprůsvitní a česnek nezavoní.
c) Vmíchejte pastu ají amarillo nebo pyré ze žluté papriky a minutu povařte, aby se chutě začlenily.
d) Do hrnce přidejte vývar z ryb nebo mořských plodů a vodu a přiveďte směs k varu.
e) Přidejte do hrnce nakrájené brambory, snižte plamen na středně nízký a nechte vařit asi 10 minut nebo dokud nejsou brambory částečně uvařené.
f) Vmíchejte rybí filé a mražená kukuřičná zrna. Vařte dalších 5–7 minut, dokud se ryba neprovaří a kukuřice nezměkne.
g) Zalijeme odpařeným mlékem a přidáme hrášek. Dobře promíchejte, aby se spojily.
h) Chupe de Pescado/rybí polévku dochuťte solí a pepřem podle chuti. Podle potřeby upravte koření.
i) Vršek polévky posypeme strouhaným sýrem. Hrnec přikryjte a nechte vařit dalších 5 minut, nebo dokud se sýr nerozpustí a chutě se dobře nepropojí.
j) Hrnec stáhněte z plotny a polévku posypte nasekaným koriandrem.
k) Chupe de Pescado/rybí polévku podávejte horkou s měsíčky limetky na boku, abyste ji mohli přimáčknout k polévce.
l) Chupe de Pescado/rybí polévku si můžete vychutnat samotnou nebo ji podávat s křupavým chlebem nebo rýží.

32. Mořské plody rýže

SLOŽENÍ:
- 2 šálky dlouhozrnné bílé rýže
- 1 libra smíšených mořských plodů (jako jsou krevety, kalamáry, mušle a mušle), očištěné a zbavené
- 2 lžíce rostlinného oleje
- 1 cibule, nakrájená nadrobno
- 4 stroužky česneku, nasekané
- 1 červená paprika, nakrájená na kostičky
- 1 šálek nakrájených rajčat (čerstvých nebo konzervovaných)
- 1 lžíce rajčatového protlaku
- 1 šálek vývaru z ryb nebo mořských plodů
- 1 šálek bílého vína (volitelné)
- 1 lžička mletého kmínu
- 1 lžička papriky
- ½ lžičky sušeného oregana
- ¼ lžičky kajenského pepře (volitelně, pro zahřátí)
- ¼ šálku nasekaného čerstvého koriandru
- ¼ šálku nasekané čerstvé petrželky
- Šťáva z 1 limetky
- Sůl, podle chuti
- Pepř, podle chuti

INSTRUKCE:
a) Rýži proplachujte pod studenou vodou, dokud voda nevyteče.
b) Rýži uvaříme podle návodu na obalu a dáme stranou.
c) Ve velké pánvi nebo pánvi na paellu rozehřejte rostlinný olej na středním plameni.
d) Přidejte nakrájenou cibuli, prolisovaný česnek a na kostičky nakrájenou červenou papriku.
e) Restujeme, dokud zelenina nezměkne a nerozvoní.
f) Přidejte rozmixované mořské plody na pánev a vařte, dokud nejsou částečně uvařené, asi 3-4 minuty.
g) Odstraňte několik kousků mořských plodů a dejte je stranou na pozdější ozdobení, pokud si to přejete.
h) Vmíchejte nakrájená rajčata, rajčatový protlak, vývar z ryb nebo mořských plodů a bílé víno (pokud používáte).
i) Směs přiveďte k varu a vařte asi 5 minut, aby se chutě spojily.
j) Přidejte mletý kmín, papriku, sušené oregano a kajenský pepř (pokud používáte). Míchejte, aby se spojily.
k) Přiklopte uvařenou rýži a jemně ji promíchejte s mořskými plody a omáčkou, dokud se dobře nespojí.
l) Vařte dalších 5 minut, aby se chutě propojily.
m) Sundejte pánev z plotny a vmíchejte nasekaný koriandr, nasekanou petrželku a limetkovou šťávu.
n) Dochuťte solí a pepřem podle chuti.
o) Ozdobte Arroz con Mariscos/rýži s mořskými plody vyhrazenými vařenými mořskými plody a dalšími čerstvými bylinkami, je-li to žádoucí.
p) Arroz con Mariscos/rýži s mořskými plody podávejte horkou, doplněnou plátky limetky a posypem čerstvého koriandru nebo petrželky.

33. Nakládané ryby

SLOŽENÍ:
- 1 ½ libry filé z bílé ryby (jako je chňapal, tilapie nebo treska)
- ½ šálku univerzální mouky
- Sůl a pepř na dochucení
- Rostlinný olej na smažení
- 1 červená cibule, nakrájená na tenké plátky
- 2 mrkve, julien
- 1 červená paprika, nakrájená na tenké plátky
- 4 stroužky česneku, nasekané
- 1 šálek bílého octa
- 1 šálek vody
- 2 bobkové listy
- 1 lžička sušeného oregana
- 1 lžička mletého kmínu
- ½ lžičky papriky
- Sůl a pepř na dochucení
- Čerstvý koriandr nebo petržel na ozdobu

INSTRUKCE:
a) Rybí filety osolíme a opepříme. Nasypte je do mouky a setřeste přebytek.
b) Zahřejte rostlinný olej ve velké pánvi na středně vysokou teplotu. Rybí filé smažte z obou stran dozlatova. Sundejte z pánve a dejte stranou na plech vyložený papírovou utěrkou, aby se odsál přebytečný olej.
c) Na stejné pánvi orestujte nakrájenou červenou cibuli, nakrájenou mrkev, nakrájenou červenou papriku a nasekaný česnek, dokud nezačnou měknout, asi 5 minut.
d) V samostatném hrnci smíchejte bílý ocet, vodu, bobkové listy, sušené oregano, mletý kmín, papriku, sůl a pepř. Směs přiveďte k varu.
e) Do vroucí octové směsi přidejte restovanou zeleninu. Snižte plamen a vařte asi 10 minut, aby se chutě spojily.
f) Smažené rybí filé uložte do mělké misky. Nalijte směs octa a zeleniny na ryby a zcela je zakryjte. Nechte misku vychladnout na pokojovou teplotu.
g) Mísu přikryjte a dejte do lednice alespoň na 2 hodiny nebo přes noc, aby ryby absorbovaly chutě.
h) Escabeche de Pescado/nakládané ryby podávejte vychlazené, ozdobené čerstvým koriandrem nebo petrželkou.
i) Rybu a zeleninu si můžete vychutnat s marinádou jako přílohu nebo podávat s rýží či chlebem.

34. Fialový kukuřičný pudink

SLOŽENÍ:
- 2 šálky fialové kukuřičné šťávy (koncentrát mazamorra morada)
- 1 šálek sušených fialových kukuřičných zrn
- 1 tyčinka skořice
- 4 hřebíčky
- 1 hrnek cukru
- ½ šálku bramborového škrobu
- Kousky ananasu a sušené švestky na ozdobu

INSTRUKCE:
a) Ve velkém hrnci smíchejte fialovou kukuřičnou šťávu, sušená zrna fialové kukuřice, tyčinku skořice a hřebíček. Přiveďte k varu a poté vařte asi 20 minut.
b) V samostatné misce smíchejte bramborový škrob s trochou vody, abyste vytvořili kašičku.
c) Za stálého míchání přidejte do hrnce kašičku z cukru a bramborového škrobu. Pokračujte ve vaření, dokud směs nezhoustne.
d) Odstraňte z ohně a nechte vychladnout.
e) Před podáváním ozdobte kousky ananasu a sušenými švestkami.

35. Čaj z koky

SLOŽENÍ:
- 1-2 sáčky kokového čaje nebo 1-2 čajové lžičky sušených listů koky
- 1 šálek horké vody
- Med nebo cukr (volitelné)

INSTRUKCE:
a) Vložte sáček kokového čaje nebo sušené listy koky do šálku.
b) Sáček nebo listy kokového čaje zalijte horkou vodou.
c) Nechte louhovat 5-10 minut, nebo dokud nedosáhne požadované síly.
d) V případě potřeby oslaďte medem nebo cukrem.

36. Quinoa pudink

SLOŽENÍ:
- 1 šálek quinoa
- 4 šálky vody
- 4 šálky mléka
- 1 tyčinka skořice
- 1 lžička vanilkového extraktu
- ½ šálku cukru (upravte podle chuti)
- ¼ lžičky mletého hřebíčku
- ¼ lžičky mletého muškátového oříšku
- Rozinky a/nebo sekané ořechy na ozdobu (volitelné)

INSTRUKCE:
a) Quinou důkladně opláchněte pod studenou vodou, abyste odstranili případnou hořkost.
b) Ve velkém hrnci smíchejte quinou a vodu. Přiveďte k varu na středně vysoké teplotě, poté snižte teplotu na minimum a nechte vařit asi 15 minut, nebo dokud quinoa nezměkne. Vypusťte přebytečnou vodu.
c) Uvařenou quinou vraťte do hrnce a přidejte mléko, skořici, vanilkový extrakt, cukr, mletý hřebíček a mletý muškátový oříšek.
d) Směs dobře promícháme a na středním plameni přivedeme k mírnému varu.
e) Vařte asi 20-25 minut za občasného míchání, dokud směs nezhoustne do konzistence podobné pudinku.
f) Odstraňte hrnec z ohně a vyhoďte tyčinku skořice.
g) Před podáváním nechte pudink Mazamorra de Quinua/Quinoa několik minut vychladnout.
h) Puding Mazamorra de Quinua/Quinoa podávejte teplý nebo vychlazený v miskách nebo dezertních šálcích.
i) Každou porci podle potřeby ozdobte rozinkami a/nebo nasekanými ořechy.

37. Smažené jitrocele

SLOŽENÍ:
- 2 zelené banány
- Rostlinný olej na smažení
- Sůl podle chuti

INSTRUKCE:
a) Začněte loupáním zelených banánů. Chcete-li to provést, odřízněte konce banánů a udělejte podél kůže podélný řez. Odstraňte slupku odtažením od jitrocele.
b) Banány nakrájejte na silné plátky o tloušťce asi 2,5 cm.
c) Zahřejte rostlinný olej v hluboké pánvi nebo pánvi na středním ohni. Ujistěte se, že je dostatek oleje, aby byly plátky jitrocele zcela ponořené.
d) Plátky jitrocele opatrně přidejte do rozpáleného oleje a opékejte je asi 3–4 minuty z každé strany nebo dokud nezezlátnou.
e) Osmažené plátky jitrocele vyjmeme z oleje a položíme na plech vyložený papírovou utěrkou, aby odsál přebytečný olej.
f) Vezměte každý smažený plátek jitrocele a vyrovnejte jej pomocí dna sklenice nebo kuchyňského nástroje speciálně určeného pro zploštění.
g) Zploštělé plátky jitrocele vraťte na rozpálený olej a opékejte je další 2–3 minuty z každé strany, dokud nebudou křupavé a zlatavě hnědé.
h) Jakmile jsou usmažené na požadovanou úroveň křupavosti, vyjměte patacony/smažené jitrocele z oleje a položte je na talíř vyložený papírovou utěrkou, aby vypustil přebytečný olej.
i) Ještě horké posypte patacony/smažené jitrocele podle chuti solí.
j) Patacones/smažené jitrocele podávejte jako přílohu nebo jako základ pro polevy nebo náplně, jako je guacamole, salsa nebo trhané maso.

38. Yuca Fries

SLOŽENÍ:
- 2 libry yuca (maniok), oloupané a nakrájené na hranolky
- Olej na smažení
- Sůl podle chuti

INSTRUKCE:
a) Ohřejte olej ve fritéze nebo velkém hrnci na 350 °F (175 °C).
b) Smažte yuca hranolky po dávkách, dokud nejsou zlaté a křupavé, asi 4-5 minut.
c) Vyjměte a nechte okapat na papírových utěrkách.
d) Posypeme solí a podáváme horké.

39.Lima fazole v koriandrové omáčce

SLOŽENÍ:
- 2 šálky vařených fazolí lima (pallares), scezených
- 1 šálek čerstvých listů koriandru
- 2 stroužky česneku
- ½ šálku fresky queso, rozdrobená
- 2 lžíce rostlinného oleje
- Sůl a pepř na dochucení

INSTRUKCE:
a) V mixéru smíchejte čerstvý koriandr, česnek, queso fresco, rostlinný olej, sůl a pepř. Míchejte, dokud nezískáte hladkou koriandrovou omáčku.
b) Uvařené fazole lima smíchejte s koriandrovou omáčkou.
c) Podáváme jako přílohu nebo lehký hlavní chod.

40. Dušené jehněčí

SLOŽENÍ:

- 2 libry jehněčího dušeného masa, nakrájeného na kousky
- 2 lžíce rostlinného oleje
- 1 cibule, nakrájená nadrobno
- 3 stroužky česneku, nasekané
- 2 polévkové lžíce ají amarillo pasty
- 1 lžička mletého kmínu
- 1 lžička sušeného oregana
- 1 šálek tmavého piva (například černého piva nebo piva)
- 2 hrnky hovězího nebo zeleninového vývaru
- 2 šálky nakrájených rajčat (čerstvých nebo konzervovaných)
- ½ šálku nasekaného koriandru
- 2 šálky mraženého nebo čerstvého zeleného hrášku
- 4 střední brambory, oloupané a nakrájené na čtvrtky
- Sůl, podle chuti
- Pepř, podle chuti

INSTRUKCE:
a) Zahřejte rostlinný olej ve velkém hrnci nebo holandské troubě na střední teplotu.
b) Přidejte dušené jehněčí maso a opečte ze všech stran dohněda. Maso vyjmeme z hrnce a dáme stranou.
c) Do stejného hrnce přidejte nakrájenou cibuli a prolisovaný česnek. Opékejte, dokud cibule nezprůhlední.
d) Vmíchejte pastu ají amarillo, mletý kmín a sušené oregano.
e) Vařte ještě minutu, aby se chutě spojily.
f) Dušené jehněčí maso vrátíme do hrnce a zalijeme tmavým pivem. Směs přiveďte k varu a několik minut povařte, aby se odpařil alkohol.
g) Do hrnce přidejte hovězí nebo zeleninový vývar a nakrájená rajčata. Směs přiveďte k varu, poté snižte teplotu na minimum, přikryjte hrnec a vařte asi 1 hodinu, nebo dokud jehněčí nezměkne.
h) Vmíchejte nakrájený koriandr, zelený hrášek a na čtvrtky nakrájené brambory. Pokračujte v vaření dalších 15–20 minut, nebo dokud nejsou brambory uvařené a chutě se nespojí.
i) Dochuťte solí a pepřem podle chuti. Podle potřeby upravte koření a hustotu omáčky přidáním dalšího vývaru.

41.Adobo/marinovaný vepřový guláš

SLOŽENÍ:
- 2 libry vepřové plec nebo kuřecí kousky
- 4 stroužky česneku, nasekané
- 2 lžíce rostlinného oleje
- ¼ šálku bílého octa
- 2 lžíce sójové omáčky
- 2 lžíce pasty aji panca (pasta z peruánské červené papriky)
- 1 lžička mletého kmínu
- 1 lžička sušeného oregana
- ½ lžičky mletého černého pepře
- ½ lžičky soli nebo podle chuti

INSTRUKCE:
a) V misce smíchejte nasekaný česnek, rostlinný olej, bílý ocet, sójovou omáčku, pastu aji panca, kmín, sušené oregano, černý pepř a sůl.
b) Dobře promíchejte, aby vznikla marináda.
c) Vložte vepřovou plec nebo kuřecí kousky do mělké misky nebo sáčku Ziploc. Maso přelijte marinádou a ujistěte se, že je dobře obalené.
d) Mísu zakryjte nebo utěsněte sáček a dejte do lednice alespoň na 2 hodiny, nejlépe přes noc, aby chutě pronikly do masa.
e) Předehřejte gril nebo troubu na středně vysokou teplotu.
f) Používáte-li gril, vyjměte maso z marinády a grilujte na středně vysoké teplotě, dokud nebude propečené a zvenku pěkně zuhelnatělé.
g) Pokud používáte troubu, položte marinované maso na plech a pečte při 200 °C asi 25–30 minut, nebo dokud není maso propečené a zhnědlé.
h) Jakmile je maso uvařené, stáhněte jej z ohně a před krájením nebo podáváním ho nechte několik minut odpočinout.

42. Grilované hovězí srdce Špejle

SLOŽENÍ:
- 1,5 libry hovězího srdce nebo svíčkové, nakrájené na kousky velikosti sousta
- ¼ šálku červeného vinného octa
- 3 lžíce rostlinného oleje
- 2 stroužky česneku, mleté
- 1 lžíce mletého kmínu
- 1 lžička papriky
- 1 lžička sušeného oregana
- 1 lžička chilli prášku
- Sůl, podle chuti
- Čerstvě mletý černý pepř, podle chuti
- Dřevěné špejle, namočené ve vodě alespoň 30 minut
- Salsa de Aji (peruánská chilli omáčka), k podávání

INSTRUKCE:
a) Ve velké misce smíchejte červený vinný ocet, rostlinný olej, mletý česnek, mletý kmín, papriku, sušené oregano, chilli prášek, sůl a černý pepř.
b) Dobře promíchejte, aby vznikla marináda.
c) Do marinády přidejte hovězí srdce nebo kousky svíčkové a promíchejte, aby se maso důkladně obalilo.
d) Mísu zakryjte a nechte marinovat v lednici alespoň 2 hodiny, nebo nejlépe přes noc, aby se chutě rozvinuly.
e) Předehřejte gril nebo brojler na středně vysokou teplotu.
f) Marinované kousky hovězího masa navlékněte na namočené dřevěné špejle a mezi každým kouskem nechte malý prostor.
g) Anticuchos grilujte nebo opékejte asi 3–4 minuty z každé strany, nebo dokud není maso opečené na požadovanou úroveň propečení.
h) Pro rovnoměrné propečení špejlí občas otočte.
i) Uvařené anticucho vyjměte z grilu nebo brojleru a před podáváním je nechte několik minut odpočinout.

INDICKÝ OCEÁN

43. Chevda

SLOŽENÍ:
- 2 šálky tenkých nudlí vermicelli, nalámaných na malé kousky
- 1 šálek pražených arašídů
- 1 hrnek pečené cizrny (chana dal)
- 1 šálek pražené zelené čočky (masoor dal)
- 1 šálek sušených kari listů
- 1 lžička prášku z kurkumy
- 1 lžička papriky
- 1 lžička mletého kmínu
- 1 lžička mletého koriandru
- Sůl podle chuti
- Rostlinný olej na smažení

INSTRUKCE

a) V hluboké pánvi nebo woku na středním plameni rozehřejte rostlinný olej.
b) Nudle nalámejte na malé kousky a přidejte je do rozpáleného oleje. Smažte nudle, dokud nebudou zlatohnědé a křupavé. Vyjměte je z oleje a nechte okapat na papírových utěrkách, abyste odstranili přebytečný olej. Dát stranou.
c) Na stejné pánvi smažte pražené arašídy, dokud trochu neztmavnou a nebudou křupavé. Vyjmeme je z oleje a necháme okapat na papírových utěrkách. Dát stranou.
d) Na rozpáleném oleji orestujte pečenou cizrnu (chana dal) a restovanou čočku (masoor dal), dokud nejsou křupavé. Vyjmeme je z oleje a necháme okapat na papírových utěrkách. Dát stranou.
e) Sušené kari listy opékejte na rozpáleném oleji několik sekund, dokud nebudou křupavé. Vyjmeme je z oleje a necháme okapat na papírových utěrkách. Dát stranou.
f) Ve velké misce smíchejte smažené nudle, arašídy, cizrnu, čočku a kari listy.
g) V malé misce smíchejte prášek z kurkumy, papriku, mletý kmín, mletý koriandr a sůl.
h) Směs koření nasypte na svačinu ve velké misce. Dobře promíchejte, aby se všechny ingredience rovnoměrně obalily kořením.
i) Nechte Chevdu úplně vychladnout, než ji přenesete do vzduchotěsné nádoby k uskladnění.

44. Keňan Nyama Choma

SLOŽENÍ:
- 3 lžíce rostlinného oleje
- 1 libra skopového kozího masa nebo hovězího masa
- sůl
- 1 lžíce zázvorové a česnekové pasty
- ¼ citronové šťávy
- Pepř podle chuti
- 1 šálek vody

INSTRUKCE

a) Maso omyjeme a necháme oschnout. Dejte do mísy a dejte stranou.
b) V samostatné misce smíchejte zázvorovou a česnekovou pastu a citronovou šťávu. Směs pak nalijte na maso, aby se marinovalo.
c) Maso zakryjte a nechte 2 hodiny úplně marinovat.
d) Rozpalte svůj gril tak, aby byl velmi horký.
e) Maso potřete olejem a položte na gril.
f) Sůl rozpustíme v teplé vodě a během pečení jí posypeme maso.
g) Uhlí by mělo být málo, aby se maso vařilo pomalu, aniž by se připálilo.
h) Maso obracejte ze všech stran, dokud není zvenku měkké a vnitřek se dobře propeče.
i) Jakmile je maso zcela propečené, sejměte ho z grilu a podávejte horké.

45.Rybí guláš

SLOŽENÍ:
- 1 libra rybích filetů (tilapie, snapper nebo jakákoli pevná bílá ryba)
- 2 lžíce rostlinného oleje
- 1 cibule, nakrájená
- 2 rajčata, nakrájená
- 2 stroužky česneku, mleté
- 1-palcový kousek zázvoru, strouhaný
- 1 lžička prášku z kurkumy
- 1 lžička kajenského pepře (volitelně, pro pikantnost)
- 1 šálek kokosového mléka
- 1 hrnek rybího nebo zeleninového vývaru
- Sůl podle chuti
- Čerstvý koriandr na ozdobu (volitelné)
- Vařená rýže nebo ugali k podávání

INSTRUKCE
a) Ve velké pánvi zahřejte rostlinný olej na střední teplotu.
b) Přidejte nakrájenou cibuli a smažte, dokud nebude průhledná.
c) Přidejte nasekaný česnek a nastrouhaný zázvor. Vařte další minutu.
d) Přidejte nakrájená rajčata a vařte, dokud nezměknou.
e) Přidejte prášek kurkumy a kajenský pepř (pokud používáte) do pánve a dobře promíchejte.
f) Vložte rybí filé do pánve a opékejte několik minut z každé strany, dokud lehce nezhnědnou.
g) Zalijte kokosovým mlékem a rybím nebo zeleninovým vývarem.
h) Dochuťte solí a vše promíchejte.
i) Pánev přikryjte a nechte rybu dusit asi 10–15 minut, nebo dokud se ryba nepropeče a chutě se dobře nepropojí.
j) V případě potřeby ozdobte čerstvým koriandrem.

46. Zázvorové pivo

SLOŽENÍ:
- 1 šálek nastrouhaného čerstvého zázvoru
- 1 hrnek cukru
- 1 citron, šťáva
- 8 šálků vody
- Ledové kostky

INSTRUKCE
a) Ve velkém hrnci přiveďte k varu 4 hrnky vody.
b) Do vroucí vody přidáme nastrouhaný zázvor a necháme asi 10 minut povařit.
c) Odstraňte z ohně a sceďte vodu naplněnou zázvorem do džbánu.
d) Přidejte cukr a dobře míchejte, dokud se nerozpustí.
e) Zalijte citronovou šťávou a zbývajícími 4 šálky studené vody.
f) Promíchejte, aby se všechny ingredience spojily.
g) Stoney Tangawizi dejte na několik hodin do lednice, aby se chuť rozvinula.
h) Podávejte zázvorové pivo s kostkami ledu pro osvěžující a kořeněný nápoj.

47.Masala omeleta

SLOŽENÍ:

- 2-3 vejce
- 1/4 šálku jemně nakrájené cibule
- 1/4 šálku nakrájených rajčat
- 1-2 zelené chilli papričky, nakrájené
- 1/4 lžičky semínek kmínu
- 1/4 lžičky kurkumového prášku
- 1/4 lžičky červeného chilli prášku
- Sůl podle chuti
- Nakrájené lístky koriandru na ozdobu

INSTRUKCE:

a) Do mísy rozklepněte vejce a přidejte nakrájenou cibuli, rajčata, zelené chilli, kmín, prášek z kurkumy, prášek z červeného chilli a sůl.
b) Dobře promícháme a nalijeme na rozpálenou, tukem vymazanou pánev.
c) Vařte, dokud omeleta neztuhne, otočte a opečte z druhé strany.
d) Ozdobte nasekanými lístky koriandru a podávejte horké.

48. Chai chladič

SLOŽENÍ:
- ¾ šálku chai, chlazené
- ¾ šálku vanilkového sójového mléka, chlazeného
- 2 polévkové lžíce koncentrátu zmrazené jablečné šťávy, rozmražené
- ½ banánu, nakrájeného a zmrazeného

INSTRUKCE:
a) V mixéru smíchejte chai, sójové mléko, koncentrát jablečné šťávy a banán.
b) Mixujte, dokud nebude hladká a krémová.
c) Ihned podávejte.

49. Paratha plněná květákem

SLOŽENÍ:
- 2 šálky (300 g) nastrouhaného květáku ¼ hlavy)
- 1 lžička hrubé mořské soli
- ½ lžičky garam masala
- ½ lžičky kurkumového prášku
- 1 várka základního roti těsta

INSTRUKCE:
a) V hluboké misce smíchejte květák, sůl, garam masalu a kurkumu.
b) Jakmile je náplň hotová, začněte vyválet těsto na roti. Začněte přípravou základního roti těsta. Odtrhněte kousek o velikosti golfového míčku (asi 5 cm v průměru) a válejte ho mezi oběma dlaněmi, abyste z něj vytvarovali míč. Stiskněte ji mezi oběma dlaněmi, aby se mírně zploštila, a rozválejte jej na lehce pomoučeném povrchu, dokud nebude mít průměr asi 5 palců (12,5 cm).
c) Přímo doprostřed rozváleného těsta dáme kopeček (vrchní polévkovou lžíci) květákové náplně. Přeložte všechny strany tak, aby se setkaly uprostřed, v podstatě vytvořte čtverec. Obě strany čtverce lehce namočte v suché mouce.
d) Rozválejte ho na povrchu lehce posypaném moukou, dokud nebude tenký a kruhový o průměru asi 25 cm. Nemusí být dokonale kulaté a část náplně může lehce prosáknout, ale to je vše v pořádku.
e) Zahřejte tavu nebo těžkou pánev na středně vysokou teplotu. Jakmile jsou horké, vložte parathas do pánve a zahřívejte 30 sekund, dokud nebudou dostatečně pevné, aby se mohly převrátit, ale ne úplně tvrdé nebo vysušené. Tento krok je rozhodující pro přípravu opravdu lahodných Parathas. Bude to vypadat, že se teprve chystá vařit, ale stále bude trochu syrové. Vařte 30 sekund na opačné straně. Mezitím stranu, která směřuje nahoru, lehce naolejujte, otočte, druhou stranu lehce naolejujte a opékejte obě strany, dokud lehce nezhnědnou. Ihned podávejte s máslem, sladkým sójovým jogurtem nebo indickým nálevem (achaar).

50.Chléb plněný špenátem

SLOŽENÍ:
- 3 šálky (603 g) 100% celozrnné mouky chapati (atta)
- 2 šálky (60 g) čerstvého špenátu, nakrájeného a jemně nasekaného
- 1 šálek (237 ml) vody
- 1 lžička hrubé mořské soli

INSTRUKCE:
a) V kuchyňském robotu smíchejte mouku a špenát. Vznikne z toho drobivá směs.
b) Přidejte vodu a sůl. Zpracujte, dokud se z těsta nestane lepivá koule.
c) Těsto přendejte do hluboké mísy nebo na lehce pomoučenou pracovní desku a několik minut hněťte, dokud nebude hladké jako těsto na pizzu. Pokud se těsto lepí, přidejte ještě trochu mouky. Pokud je příliš suché, přidejte ještě trochu vody.
d) Odeberte kousek těsta o velikosti golfového míčku (asi 5 cm v průměru) a válejte ho mezi oběma dlaněmi, abyste z něj vytvarovali kouli. Stiskněte ji mezi oběma dlaněmi, aby se mírně zploštila, a rozválejte jej na lehce pomoučeném povrchu, dokud nebude mít průměr asi 5 palců (12,5 cm).
e) Zahřejte tavu nebo těžkou pánev na středně vysokou teplotu. Jakmile je Paratha horká, vložte ji do pánve a zahřívejte 30 sekund, dokud nebude dostatečně pevná na to, aby se mohla převrátit, ale ne úplně tvrdá nebo vysušená.
f) Vařte 30 sekund na opačné straně. Mezitím stranu, která směřuje nahoru, lehce naolejujte, otočte, druhou stranu lehce naolejujte a opékejte obě strany, dokud lehce nezhnědnou.
g) Ihned podávejte s máslem, sladkým sójovým jogurtem nebo indickým nálevem (achaar).

51. Pikantní popraskaná pšenice s kešu oříšky

SLOŽENÍ:
- 1 šálek (160 g) drcené pšenice
- 1 lžíce oleje
- 1 lžička semínek černé hořčice
- 4–5 kari listů, nahrubo nasekaných
- ½ středně žluté nebo červené cibule, oloupané a nakrájené na kostičky
- 1 malá mrkev, oloupaná a nakrájená na kostičky
- ½ šálku (145 g) hrášku, čerstvého nebo mraženého
- 1–2 thajské, serrano nebo kajenské chilli,
- ¼ šálku (35 g) syrových kešu ořechů, pražených nasucho
- 1 lžička hrubé mořské soli
- 2 šálky (474 ml) vroucí vody
- Šťáva z 1 středního citronu

INSTRUKCE:

a) V těžké pánvi na středně vysokém ohni nasucho opékejte nakrájenou pšenici asi 7 minut, dokud lehce nezhnědne. Přeneste na talíř vychladnout.
b) V hluboké, těžké pánvi rozehřejte olej na středně vysokou teplotu.
c) Přidejte hořčičná semínka a vařte, dokud nezaprskají, asi 30 sekund.
d) Přidejte kari listy, cibuli, mrkev, hrášek a chilli. Vařte 2 až 3 minuty za občasného míchání, dokud cibule nezačne lehce hnědnout.
e) Přidejte nakrájenou pšenici, kešu a sůl. Dobře promíchejte.
f) Ke směsi přidejte vroucí vodu. Udělejte to velmi opatrně, protože bude stříkat. Vezmu víko velké pánve a pravou rukou ji držím před sebou a levou nalévám vodu. Jakmile je tam voda, vrátím víko a nechám směs minutu usadit. Alternativně můžete teplo dočasně vypnout, zatímco budete nalévat vodu.
g) Jakmile je voda uvnitř, snižte teplotu na minimum a vařte směs bez pokličky, dokud se všechna tekutina nevstřebá.
h) Na konci doby vaření přidejte citronovou šťávu. Vraťte na pánev poklici, vypněte oheň a nechte směs 15 minut odležet, aby lépe absorbovala všechny chutě.
i) Ihned podávejte s toastem pomazaným máslem, rozmačkaným banánem nebo pikantním chutney ze zelené chilli papričky.

52.Chai kořeněná horká čokoláda

SLOŽENÍ:
- 2 šálky mléka (mléčné nebo alternativní mléko)
- 2 lžíce kakaového prášku
- 2 lžíce cukru (podle chuti)
- 1 čajová lžička čajových lístků (nebo 1 čajový sáček chai)
- ½ lžičky mleté skořice
- ¼ lžičky mletého kardamomu
- Špetka mletého zázvoru
- Šlehačka a posypka skořice na ozdobu

INSTRUKCE:
a) V hrnci zahřejte mléko na středním plameni, dokud nebude horké, ale ne vroucí.
b) Přidejte čajové lístky (nebo čajový sáček) do mléka a nechte 5 minut louhovat. Odstraňte čajové lístky nebo čajový sáček.
c) V malé misce prošlehejte kakaový prášek, cukr, skořici, kardamom a zázvor.
d) Do horkého mléka postupně zašlehejte kakaovou směs, dokud se dobře nespojí a nebude hladká.
e) Pokračujte v zahřívání kořeněné horké čokolády za občasného míchání, dokud nedosáhne požadované teploty.
f) Nalijeme do hrnků, potřeme šlehačkou a posypeme skořicí. Podávejte a užívejte si!

53.Palačinky z cizrnové mouky

SLOŽENÍ:
- 2 šálky (184 g) gramové (cizrnové) mouky (besan)
- 1 ½ šálku (356 g) vody
- 1 malá cibule, oloupaná a nasekaná (asi ½ šálku [75 g])
- 1 ks kořen zázvoru, oloupaný a nastrouhaný nebo nasekaný
- 1–3 nakrájené zelené thajské, serrano nebo kajenské chilli papričky
- ¼ šálku (7 g) sušených listů pískavice (kasoori methi)
- ½ šálku (8 g) čerstvého koriandru, mletého
- 1 lžička hrubé mořské soli
- ½ lžičky mletého koriandru
- ½ lžičky kurkumového prášku
- 1 lžička prášku z červeného chilli nebo kajenského oleje na smažení na pánvi

INSTRUKCE:
a) V hluboké míse smíchejte mouku a vodu do hladka. Ráda začínám metličkou a pak zadní částí lžíce rozbíjím malé hrudky mouky, které se normálně tvoří.
b) Směs necháme alespoň 20 minut uležet.
c) Přidejte zbývající ingredience kromě oleje a dobře promíchejte.
d) Zahřejte pánev na středně vysokou teplotu.
e) Přidejte ½ lžičky oleje a zadní stranou lžíce nebo papírovou utěrkou rozetřete po grilu. K rovnoměrnému potažení pánve můžete použít i sprej na vaření.
f) Naběračkou nalijte ¼ šálku (59 ml) těsta do středu pánve. Zadní stranou naběračky těsto rozetřete kruhovým pohybem ve směru hodinových ručiček od středu k vnější části pánve, abyste vytvořili tenkou kulatou placku o průměru asi 12,5 cm.
g) Ponora opečte z jedné strany do lehce hnědé barvy, asi 2 minuty, a poté ji otočte, aby se opékala na druhé straně. Přitlačte stěrkou dolů, abyste zajistili, že se střed propeče.
h) Zbylé těsto uvařte a podle potřeby přidejte olej, aby se nepřilepilo.
i) Podávejte s mátou nebo broskvovým chutney.

54. Krém z pšeničných palačinek

SLOŽENÍ:
- 3 šálky (534 g) pšeničné smetany (sooji)
- 2 šálky (474 ml) neslazeného čistého sójového jogurtu
- 3 šálky (711 ml) vody
- 1 lžička hrubé mořské soli
- ½ lžičky mletého černého pepře
- ½ čajové lžičky červeného chilského prášku nebo kajenského pepře
- ½ žluté nebo červené cibule, oloupané a nakrájené nadrobno
- 1–2 zelené thajské, serrano nebo kajenské chilli papričky, nakrájené
- Olej na smažení na pánvi dejte stranou do malé misky
- ½ velké cibule, oloupané a rozpůlené (na přípravu pánve)

INSTRUKCE:
a) V hluboké misce smíchejte smetanu z pšenice, jogurtu, vody, soli, černého pepře a prášku z červeného chilli a odstavte na 30 minut, aby mírně prokvasil.
b) Přidejte na kostičky nakrájenou cibuli a chilli. Jemně promíchejte.
c) Zahřejte pánev na středně vysokou teplotu. Do pánve dejte 1 lžičku oleje.
d) Jakmile je pánev rozpálená, zapíchněte vidličku do nenakrájené zaoblené části cibule. Držte rukojeť vidličky a třete nakrájenou polovinu cibule tam a zpět po pánvi. Kombinace tepla, cibulové šťávy a oleje pomáhá zabránit přilepení dózy. Mějte cibuli s vloženou vidličkou po ruce, abyste ji mohli znovu použít mezi dózami. Když z pánve zčerná, přední stranu nakrájejte na tenké plátky.
e) Ponechte si malou misku s olejem na straně lžičky - použijete ji později.
f) A teď konečně k vaření! Nalijte o něco více než ¼ šálku (59 ml) těsta doprostřed vaší horké, připravené pánve. Zadní částí naběračky pomalu provádějte pohyby ve směru hodinových ručiček od středu k vnějšímu okraji pánve, dokud se těsto nestane řídkým a krepovitým. Pokud směs začne okamžitě bublat, stačí mírně snížit teplotu.
g) Malou lžičkou nalijte tenký pramínek oleje do kruhu kolem těsta.
h) Nechte dosa vařit, dokud mírně nezhnědne a nestáhne se z pánve. Otočte a opečte z druhé strany.

55.Masala Tofu Škrábat se

SLOŽENÍ:

- 14-uncové balení extra pevné organické tofu
- 1 lžíce oleje
- 1 lžička semínek kmínu
- ½ malé bílé nebo červené cibule, oloupané a nasekané
- 1 ks kořen zázvoru, oloupaný a nastrouhaný
- 1–2 zelené thajské, serrano nebo kajenské chilli papričky, nakrájené
- ½ lžičky kurkumového prášku
- ½ čajové lžičky červeného chilského prášku nebo kajenského pepře
- ½ lžičky hrubé mořské soli
- ½ lžičky černé soli
- ¼ šálku (4 g) čerstvého koriandru, mletého

INSTRUKCE:

a) Tofu rozdrobíme rukama a dáme stranou.
b) V těžké ploché pánvi rozehřejte olej na středně vysokou teplotu.
c) Přidejte kmín a vařte, dokud semena nezaprskají, asi 30 sekund.
d) Přidejte cibuli, kořen zázvoru, chilli a kurkumu. Vařte a opékejte 1 až 2 minuty, míchejte, aby se nepřilepily.
e) Přidejte tofu a dobře promíchejte, abyste zajistili, že celá směs zežloutne od kurkumy.
f) Přidejte prášek z červeného chilli, mořskou sůl, černou sůl (kala namak) a koriandr. Dobře promíchejte.
g) Podávejte s toastem nebo srolované v teplém zábalu roti nebo paratha.

56.Sladké palačinky

SLOŽENÍ:

- 1 šálek (201 g) 100% celozrnné mouky chapati
- ½ šálku (100 g) jaggery
- ½ lžičky fenyklových semínek
- 1 šálek (237 ml) vody

INSTRUKCE:

a) Všechny ingredience smíchejte v hluboké misce a nechte těsto alespoň 15 minut odležet.
b) Lehce naolejovaný gril nebo pánev rozehřejte na středně vysokou teplotu. Nalijte nebo nabírejte těsto na pánev, použijte asi ¼ šálku (59 ml) na každou pochoutku. Trik spočívá v tom, že těsto lehce rozprostřete zadní stranou naběračky od středu ve směru hodinových ručiček, aniž byste ho příliš naředili.
c) Osmahneme z obou stran a podáváme horké.

57.Chai Mléko kaše

SLOŽENÍ:

- 180 ml polotučného mléka
- 1 lžíce světle měkkého hnědého cukru
- 4 lusky kardamomu, rozpůlené
- 1 badyán
- ½ lžičky mletého zázvoru
- ½ lžičky mletého muškátového oříšku
- ½ lžičky mleté skořice
- 1 ovesný sáček

INSTRUKCE:

a) Mléko, cukr, kardamom, badyán a ¼ lžičky zázvoru, muškátového oříšku a skořice dejte do malé pánve a za občasného míchání přiveďte k varu, dokud se cukr nerozpustí.
b) Sceďte do džbánu, celé koření vyhoďte, poté vraťte na pánev a pomocí vyluhovaného mléka uvařte oves podle návodu na obalu. Lžící do misky.
c) Smíchejte zbývající ¼ čajové lžičky každého zázvoru, muškátového oříšku a skořice dohromady, dokud se rovnoměrně nespojí, a poté použijte k poprášení vrchní části kaše pomocí šablony na mléko, abyste vytvořili jedinečný vzor, chcete-li.

58. Kořeněný popcorn na sporáku

SLOŽENÍ:
- 1 lžíce oleje
- ½ šálku (100 g) nevařených jader popcornu
- 1 lžička hrubé mořské soli
- 1 lžička garam masala, chaat masala nebo sambhar masala

INSTRUKCE:
a) V hluboké, těžké pánvi rozehřejte olej na středně vysokou teplotu.
b) Přidejte popcornová jádra.
c) Zakryjte pánev a stáhněte oheň na středně nízký.
d) Vařte, dokud se zvuk praskání nezpomalí, 6 až 8 minut.
e) Vypněte oheň a nechte popcorn s pokličkou ještě 3 minuty odležet.
f) Posypte solí a masalou. Ihned podávejte.
g) Kleštěmi vezměte po jednom papadu a zahřejte jej nad varnou deskou. Pokud máte plynový sporák, vařte ho přímo nad plamenem a dávejte pozor, abyste sfoukli kousky, které se vznítí. Neustále je obracejte tam a zpět, dokud nebudou všechny části uvařené a křupavé. Používáte-li elektrický sporák, zahřejte je na mřížce umístěné nad hořákem a nepřetržitě je převracejte, dokud nebudou křupavé. Buďte opatrní – snadno se připálí.
h) Papady naskládejte a ihned podávejte jako svačinu nebo k večeři.

59. Pečené ořechy masala

SLOŽENÍ:
- 2 šálky (276 g) syrových kešu ořechů
- 2 šálky (286 g) surových mandlí
- 1 lžíce garam masala, chaat masala nebo sambhar masala
- 1 lžička hrubé mořské soli
- 1 lžíce oleje
- ¼ šálku (41 g) zlatých rozinek

INSTRUKCE:
a) Nastavte rošt trouby na nejvyšší pozici a předehřejte troubu na 425 °F (220 °C). Plech na pečení vyložte hliníkovou fólií pro snadné čištění.
b) V hluboké misce smíchejte všechny ingredience kromě rozinek, dokud nebudou ořechy rovnoměrně obaleny.
c) Ořechovou směs rozložte v jedné vrstvě na připravený plech.
d) Pečte 10 minut, v polovině doby vaření jemně promíchejte, aby se ořechy uvařily rovnoměrně.
e) Vyjměte pánev z trouby. Přidejte rozinky a nechte směs alespoň 20 minut chladnout. Tento krok je důležitý. Vařené ořechy se stanou žvýkacími, ale po vychladnutí získají zpět svou křupavost. Ihned podávejte nebo skladujte ve vzduchotěsné nádobě po dobu až jednoho měsíce.

60.Čajem kořeněné pražené mandle a kešu

SLOŽENÍ:

- 2 šálky (276 g) syrových kešu ořechů
- 2 šálky (286 g) surových mandlí
- 1 lžíce Chai masala
- 1 lžíce jaggery (gur) nebo hnědého cukru
- ½ lžičky hrubé mořské soli
- 1 lžíce oleje

INSTRUKCE:

a) Nastavte rošt trouby na nejvyšší pozici a předehřejte troubu na 425 °F (220 °C). Plech na pečení vyložte hliníkovou fólií pro snadné čištění.
b) V hluboké misce smíchejte všechny ingredience a dobře promíchejte, dokud nebudou ořechy rovnoměrně obaleny.
c) Ořechovou směs rozložte v jedné vrstvě na připravený plech.
d) Pečte 10 minut, v polovině doby vaření promíchejte, aby se směs propekla rovnoměrně.
e) Vyjměte plech z trouby a nechte směs asi 20 minut chladnout. Tento krok je důležitý. Vařené ořechy se stanou žvýkacími, ale po vychladnutí získají zpět svou křupavost.
f) Ihned podávejte nebo skladujte ve vzduchotěsné nádobě po dobu až jednoho měsíce.

61. Pečené zeleninové čtverečky

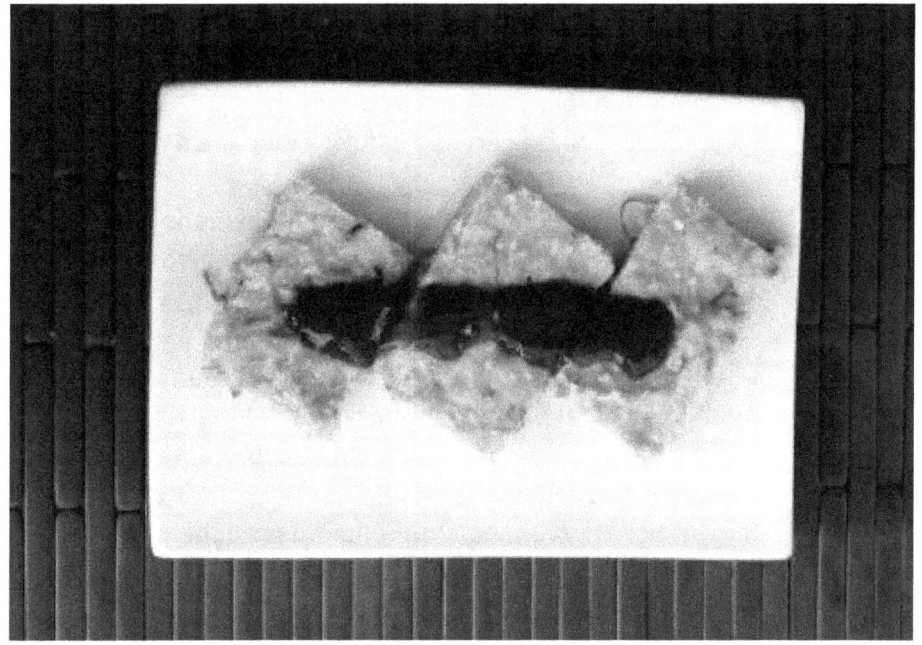

SLOŽENÍ:

- 2 šálky (140 g) strouhaného bílého zelí (½ malé hlávky)
- 1 šálek (100 g) nastrouhaného květáku (¼ střední hlávky)
- 1 šálek (124 g) nastrouhané cukety
- ½ brambor, oloupaných a nastrouhaných
- ½ středně žluté nebo červené cibule, oloupané a nakrájené na kostičky
- 1 ks kořen zázvoru, oloupaný a nastrouhaný nebo nasekaný
- 3–4 nakrájené zelené thajské, serrano nebo kajenské chilli papričky
- ¼ šálku (4 g) mletého čerstvého koriandru
- 3 šálky (276 g) gramové (cizrnové) mouky (besan)
- ½ 12uncového balení hedvábného tofu
- 1 lžíce hrubé mořské soli
- 1 lžička prášku z kurkumy
- 1 čajová lžička červeného chilského prášku nebo cayenne
- ¼ lžičky prášku do pečiva
- ¼ šálku (59 ml) oleje

INSTRUKCE:

a) Nastavte mřížku trouby do střední polohy a předehřejte troubu na 350 °F (180 °C). Čtvercový pekáč o velikosti 10 palců (25 cm) vymažte olejem. Pokud chcete tenčí, křupavější pakoru, použijte větší pekáč.

b) V hluboké misce smíchejte zelí, květák, cuketu, brambory, cibuli, kořen zázvoru, chilli a koriandr.

c) Přidejte mouku a pomalu míchejte, dokud se dobře nespojí. Pomáhá používat ruce, abyste opravdu všechno promíchali.

d) V kuchyňském robotu, mixéru nebo výkonnějším mixéru rozmixujte tofu do hladka.

e) Do zeleninové směsi přidejte rozmixované tofu, sůl, kurkumu, prášek z červeného chilli, prášek do pečiva a olej. Směs.

f) Směs nalijte do připraveného pekáče.

g) Pečte 45 až 50 minut, podle toho, jak je vaše trouba vyhřátá. Pokrm je hotový, když párátko zapíchnuté do středu vyjde čisté.

h) Nechejte 10 minut chladit a nakrájejte na čtverce. Podávejte s oblíbeným chutney.

62.Chai kořeněné pražené ořechy

SLOŽENÍ:
- 4 šálky nesolených míchaných ořechů
- ¼ šálku javorového sirupu
- 3 lžíce rozpuštěného kokosového oleje
- 2 lžíce kokosového cukru
- 3 lžičky mletého zázvoru
- 2 lžičky mleté skořice
- 2 lžičky mletého kardamomu
- 1 lžička mletého nového koření
- 1 čajová lžička čistého vanilkového prášku
- ½ lžičky soli
- ¼ lžičky černého pepře

INSTRUKCE:
a) Předehřejte troubu na 325 °F (163 °C). Okrajový plech vyložte pečicím papírem a dejte stranou.
b) Ve velké míse smíchejte všechny ingredience kromě ořechů. Dobře promíchejte, aby vznikla chutná směs.
c) Do mísy přidejte rozmixované ořechy a házejte je, dokud nebudou rovnoměrně potažené kořeněnou směsí.
d) Obalené ořechy rozprostřete na připravený plech v rovnoměrné vrstvě.
e) Ořechy pečeme v předehřáté troubě asi 20 minut. Nezapomeňte otočit pánví a v polovině doby pečení ořechy promíchat, abyste zajistili rovnoměrné vaření.
f) Po dokončení vyjměte pražené ořechy z trouby a nechte je zcela vychladnout.
g) Uchovávejte pražené ořechy kořeněné chai ve vzduchotěsné nádobě při pokojové teplotě pro lahodné občerstvení.

63. Dip z pečeného lilku

SLOŽENÍ:
- 3 střední lilky se slupkou (velká, kulatá, fialová odrůda)
- 2 lžíce oleje
- 1 vrchovatá lžička semínek kmínu
- 1 lžička mletého koriandru
- 1 lžička prášku z kurkumy
- 1 velká žlutá nebo červená cibule, oloupaná a nakrájená na kostičky
- 1 (2palcový [5cm]) kousek kořene zázvoru, oloupaný a nastrouhaný nebo nasekaný
- 8 stroužků česneku, oloupaných a nastrouhaných nebo nasekaných
- 2 střední rajčata, oloupaná (pokud možno) a nakrájená na kostičky
- 1–4 nakrájené zelené thajské, serrano nebo kajenské chilli papričky
- 1 čajová lžička červeného chilského prášku nebo cayenne
- 1 lžíce hrubé mořské soli

INSTRUKCE:

a) Nastavte rošt trouby do druhé nejvyšší polohy. Předehřejte brojler na 500 °F (260 °C). Plech na pečení vyložte hliníkovou fólií, aby se později nevytvořil nepořádek.
b) V lilku propíchněte vidličkou otvory (aby se uvolnila pára) a položte je na plech. Grilujte 30 minut, jednou otočte. Po dokončení bude kůže na některých místech spálená a spálená. Vyjměte plech z trouby a nechte lilek vychladnout alespoň 15 minut. Ostrým nožem rozřízněte podélně od jednoho konce lilku ke druhému lilek a mírně jej rozevřete. Uvnitř vydlabejte opečenou dužinu, dávejte pozor, abyste se vyhnuli páře a zachránili co nejvíce šťávy. Dejte opečenou dužinu lilku do misky – budete mít asi 4 šálky (948 ml).
c) V hluboké, těžké pánvi rozehřejte olej na středně vysokou teplotu.
d) Přidejte kmín a vařte, dokud nezačne prskat, asi 30 sekund.
e) Přidejte koriandr a kurkumu. Promíchejte a vařte 30 sekund.
f) Přidejte cibuli a opékejte 2 minuty.
g) Přidejte kořen zázvoru a česnek a vařte další 2 minuty.
h) Přidejte rajčata a chilli. Vařte 3 minuty, dokud směs nezměkne.
i) Přidejte dužinu z opečených lilků a vařte dalších 5 minut, občas promíchejte, aby se neslepily.
j) Přidejte prášek z červeného chilli a sůl. V tomto okamžiku byste také měli odstranit a zlikvidovat všechny zatoulané kousky spálené slupky lilku.
k) Tuto směs rozmixujte ponorným mixérem nebo v samostatném mixéru. Nepřehánějte to – stále by tam měla být nějaká textura. Podávejte s opečenými plátky naan, krekry nebo tortilla chipsy. Můžete také podávat tradičně s indickým jídlem roti, čočkou a raitou.

64. Pikantní sladké bramborové placičky

SLOŽENÍ:
- 1 velký sladký brambor (nebo bílý brambor), oloupaný a nakrájený
- ½ palce (13 mm) kostky (asi 4 šálky [600 g])
- 3 polévkové lžíce (45 ml) oleje, rozdělené
- 1 lžička semínek kmínu
- ½ středně žluté nebo červené cibule, oloupané a nakrájené na jemné kostičky
- 1 (1-palcový [2,5 g]) kousek kořene zázvoru, oloupaný a nastrouhaný nebo nasekaný
- 1 lžička prášku z kurkumy
- 1 lžička mletého koriandru
- 1 lžička garam masala
- 1 čajová lžička červeného chilského prášku nebo cayenne
- 1 šálek (145 g) hrášku, čerstvého nebo mraženého (nejprve rozmrazit)
- 1–2 zelené thajské, serrano nebo kajenské chilli papričky, nakrájené
- 1 lžička hrubé mořské soli
- ½ šálku (46 g) gramu (cizrnové) mouky (besan)
- 1 lžíce citronové šťávy
- Nakrájená čerstvá petržel nebo koriandr na ozdobu

INSTRUKCE:

a) Brambory vařte v páře do měkka, asi 7 minut. Nechat vychladnout. Pomocí rukou nebo šťouchadlem na brambory ji jemně rozdrťte. V tuto chvíli budete mít asi 3 šálky (630 g) bramborové kaše.
b) V mělké pánvi rozehřejte 2 lžíce oleje na středně vysokou teplotu.
c) Přidejte kmín a vařte, dokud nezaprská a nezhnědne, asi 30 sekund.
d) Přidejte cibuli, kořen zázvoru, kurkumu, koriandr, garam masalu a prášek z červeného chilli. Vařte do měkka, další 2 až 3 minuty. Směs necháme vychladnout.
e) Jakmile vychladne, přidejte směs k bramborám, poté hrášek, zelené chilli, sůl, gram mouky a citronovou šťávu.
f) Dobře promíchejte rukama nebo velkou lžící.
g) Ze směsi tvoříme malé placičky a dáme je stranou na tác.
h) Ve velké, těžké pánvi rozehřejte zbývající 1 lžíci oleje na středně vysokou teplotu. Placičky pečte v dávkách po 2 až 4, v závislosti na velikosti pánve, asi 2 až 3 minuty z každé strany, dokud nezhnědnou.
i) Podávejte horké, ozdobené nasekanou čerstvou petrželkou nebo koriandrem. Tuto placičku můžete jíst jako sendvič, na hlávkovém salátu nebo jako zábavnou přílohu k hlavnímu jídlu. Směs vydrží v lednici asi 3 až 4 dny. Chcete-li vyrobit tradičnější placičku, použijte místo sladkých brambor běžné brambory.

65.Sharonovy zeleninové salátové sendviče

SLOŽENÍ:
- 1 velké rajče, nakrájené na silné plátky
- 1 velká paprika nakrájená na tenké plátky
- 1 velká červená cibule, oloupaná a nakrájená na tenké plátky
- Šťáva z 1 citronu
- ½ lžičky hrubé mořské soli
- ½ lžičky černé soli (kala namak)

INSTRUKCE:
a) Na talíř rozložte zeleninu nejprve rajčaty, poté paprikou a kolečky cibule.
b) Zeleninu posypte citronovou šťávou, mořskou solí a černou solí.
c) Ihned podávejte. Sedět na trávníku před domem a dělat sendviče je volitelné.

66. Sojový jogurt Raita

SLOŽENÍ:

- 1 šálek (237 ml) obyčejného, neslazeného sójového jogurtu
- 1 okurka, oloupaná, nastrouhaná a vymačkaná, aby se odstranila přebytečná voda
- ½ lžičky praženého mletého kmínu
- ½ lžičky hrubé mořské soli
- ½ lžičky černé soli (kala namak)
- ½ lžičky červeného chilli prášku
- Šťáva z ½ citronu nebo limetky

INSTRUKCE:

a) V míse smícháme všechny ingredience. Ihned podávejte.

67. Kořeněné tofu a rajčata

SLOŽENÍ:
- 2 lžíce oleje
- 1 vrchovatá lžíce semínek kmínu
- 1 lžička prášku z kurkumy
- 1 střední červená nebo žlutá cibule, oloupaná a nasekaná
- 1 (2palcový [5cm]) kousek kořene zázvoru, oloupaný a nastrouhaný nebo nasekaný
- 6 stroužků česneku, oloupaných a nastrouhaných nebo nasekaných
- 2 střední rajčata, oloupaná (volitelně) a nakrájená (3 šálky [480 g])
- 2–4 nakrájené zelené thajské, serrano nebo kajenské chilli papričky
- 1 lžíce rajčatového protlaku
- 1 lžíce garam masala
- 1 polévková lžíce sušených listů pískavice řecké seno (kasoori methi), lehce rozdrcených rukou, aby se uvolnily jejich aroma
- 1 šálek (237 ml) vody
- 2 lžičky hrubé mořské soli
- 1 čajová lžička červeného chilského prášku nebo cayenne
- 2 středně zelené papriky, zbavené semínek a nakrájené na kostičky (2 šálky)
- 2 balení (14 uncí [397 g]) extra pevné organické tofu, pečené a nakrájené na kostky

INSTRUKCE:
a) Ve velké, těžké pánvi rozehřejte olej na středně vysokou teplotu.
b) Přidejte kmín a kurkumu. Vařte, dokud semínka nezaprskají, asi 30 sekund.
c) Přidejte cibuli, kořen zázvoru a česnek. Vařte 2 až 3 minuty, dokud lehce nezhnědne, za občasného míchání.
d) Přidejte rajčata, chilli papričky, rajčatový protlak, garam masala, pískavice řecké seno, vodu, sůl a prášek z červeného chilli. Mírně snižte teplotu a 8 minut vařte bez pokličky.
e) Přidejte papriky a vařte další 2 minuty. Přidejte tofu a jemně promíchejte. Vařte další 2 minuty, dokud se nezahřeje. Podávejte s hnědou nebo bílou rýží basmati, roti nebo naan.

68. Kmínová bramborová kaše

SLOŽENÍ:

- 1 lžíce oleje
- 1 lžíce semínek kmínu
- ½ lžičky asafetida (hing)
- ½ lžičky kurkumového prášku
- ½ lžičky mangového prášku (amchur)
- 1 malá žlutá nebo červená cibule, oloupaná a nakrájená na kostičky
- 1 ks kořen zázvoru, oloupaný a nastrouhaný nebo nasekaný
- 3 velké vařené brambory (jakéhokoli druhu), oloupané a nakrájené na kostičky (4 šálky [600 g])
- 1 lžička hrubé mořské soli
- 1–2 zelené thajské, serrano nebo kajenské chilli papričky, stonky zbavené, nakrájené na tenké plátky
- ¼ šálku (4 g) mletého čerstvého koriandru, mletá šťáva z ½ citronu

INSTRUKCE:

a) V hluboké, těžké pánvi rozehřejte olej na středně vysokou teplotu.
b) Přidejte kmín, asafetidu, kurkumu a mango. Vařte, dokud semínka nezaprskají, asi 30 sekund.
c) Přidejte cibuli a kořen zázvoru. Vařte další minutu a míchejte, aby se nepřilepily.
d) Přidejte brambory a sůl. Dobře promícháme a vaříme, dokud se brambory neprohřejí.
e) Navrch dejte chilli papričky, koriandr a citronovou šťávu. Podávejte jako přílohu s roti nebo naanem nebo rolované v besan poora nebo dosa. To je skvělé jako náplň do vegetariánského sendviče nebo dokonce podávané v šálku hlávkového salátu.

69. Hořčičný bramborový hash

SLOŽENÍ:
- 1 lžíce děleného gramu (chana dal)
- 1 lžíce oleje
- 1 lžička prášku z kurkumy
- 1 lžička semínek černé hořčice
- 10 kari listů, nasekaných nahrubo
- 1 malá žlutá nebo červená cibule, oloupaná a nakrájená na kostičky
- 3 velké vařené brambory (jakéhokoli druhu), oloupané a nakrájené na kostičky (4 šálky [600 g])
- 1 lžička hrubé bílé soli
- 1–2 zelené thajské, serrano nebo kajenské chilli papričky, stonky zbavené, nakrájené na tenké plátky

INSTRUKCE:
a) Během přípravy zbývajících ingrediencí namočte dělený gram do vařené vody.
b) V hluboké, těžké pánvi rozehřejte olej na středně vysokou teplotu.
c) Přidejte kurkumu, hořčici, kari listy a scezený dělený gram. Buďte opatrní, semínka mají tendenci pukat a z namočené čočky může potřísnit olej, takže možná budete potřebovat poklici. Vařte 30 sekund, míchejte, aby se nepřilepily.
d) Přidejte cibuli. Vařte do mírného zhnědnutí, asi 2 minuty.
e) Přidejte brambory, sůl a chilli. Vařte další 2 minuty. Podávejte jako přílohu s roti nebo naanem nebo rolované v besan poora nebo dosa. To je skvělé jako náplň do vegetariánského sendviče nebo dokonce podávané v šálku hlávkového salátu.

70. Zelí s hořčičnými semínky a kokosem

SLOŽENÍ:
- 2 lžíce celé černé čočky bez slupky (sabut urud dal)
- 2 lžíce kokosového oleje
- ½ lžičky asafetida (hing)
- 1 lžička semínek černé hořčice
- 10–12 kari listů, nahrubo nasekaných
- 2 lžíce neslazeného strouhaného kokosu
- 1 středně velké bílé zelí, nakrájené (8 šálků [560 g])
- 1 lžička hrubé mořské soli
- 1–2 thajské, serrano nebo kajenské chilli papričky, stonky zbavené, nakrájené podélně

INSTRUKCE:
a) Čočku namočte do převařené vody, aby změkla, zatímco budete připravovat zbývající ingredience.
b) V hluboké, těžké pánvi rozehřejte olej na středně vysokou teplotu.
c) Přidejte asafetidu, hořčici, okapanou čočku, kari listy a kokos. Zahřívejte, dokud semínka nevyskočí, asi 30 sekund. Dávejte pozor, abyste nespálili kari listy nebo kokos. Semínka mohou vyskočit, mějte proto po ruce víko.
d) Přidejte zelí a sůl. Vařte za pravidelného míchání 2 minuty, dokud zelí nezvadne.
e) Přidejte chilli papričky. Ihned podávejte jako teplý salát, studený nebo s roti či naanem.

71.Fazole s bramborami

SLOŽENÍ:

- 1 lžíce oleje
- 1 lžička semínek kmínu
- ½ lžičky kurkumového prášku
- 1 střední červená nebo žlutá cibule, oloupaná a nakrájená na kostičky
- 1 ks kořen zázvoru, oloupaný a nastrouhaný nebo nasekaný
- 3 stroužky česneku, oloupané a nastrouhané nebo nasekané
- 1 střední brambor, oloupaný a nakrájený na kostičky
- ¼ šálku (59 ml) vody
- 4 šálky (680 g) nasekaných fazolí (13 mm dlouhé)
- 1–2 thajské, serrano nebo kajenské chilli papričky, nakrájené
- 1 lžička hrubé mořské soli
- 1 čajová lžička červeného chilského prášku nebo cayenne

INSTRUKCE:

a) V těžké hluboké pánvi rozehřejte olej na středně vysoké teplotě.
b) Přidejte kmín a kurkumu a vařte, dokud semena nezaprskají, asi 30 sekund.
c) Přidejte cibuli, kořen zázvoru a česnek. Vařte do mírně hnědé barvy, asi 2 minuty.
d) Přidejte brambory a za stálého míchání vařte další 2 minuty. Přidejte vodu, abyste zabránili slepení.
e) Přidejte fazole. Vařte 2 minuty za občasného míchání.
f) Přidejte chilli, sůl a prášek z červeného chilli.
g) Snižte teplotu na středně nízkou a pánev částečně zakryjte. Vařte 15 minut, dokud nejsou fazole a brambory měkké. Vypněte oheň a nechte pánev přikrytou na stejném hořáku dalších 5 až 10 minut.
h) Podávejte s bílou nebo hnědou basmati rýží, roti nebo naan.

72. Lilek s bramborami

SLOŽENÍ:
- 2 lžíce oleje
- ½ lžičky asafetida (hing)
- 1 lžička semínek kmínu
- ½ lžičky kurkumového prášku
- 1 (2palcový [5cm]) kousek kořene zázvoru, oloupaný a nakrájený na ½palcové (13mm) dlouhé zápalky
- 4 stroužky česneku, oloupané a nahrubo nasekané
- 1 střední brambor, oloupaný a nahrubo nakrájený
- 1 velká cibule, oloupaná a nahrubo nakrájená
- 1–3 nakrájené thajské, serrano nebo kajenské chilli papričky
- 1 velké rajče, nakrájené nahrubo
- 4 střední lilky se slupkou, hrubě nakrájené, včetně dřevnatých konců
- 2 lžičky hrubé mořské soli
- 1 lžíce garam masala
- 1 lžíce mletého koriandru
- 1 čajová lžička červeného chilského prášku nebo cayenne
- 2 lžíce nasekaného čerstvého koriandru na ozdobu

INSTRUKCE:
a) V hluboké, těžké pánvi rozehřejte olej na středně vysokou teplotu.
b) Přidejte asafetidu, kmín a kurkumu. Vařte, dokud semínka nezaprskají, asi 30 sekund.
c) Přidejte kořen zázvoru a česnek. Vařte za stálého míchání 1 minutu.
d) Přidejte brambory. Vařte 2 minuty.
e) Přidejte cibuli a chilli papričky a vařte další 2 minuty, dokud lehce nezhnědnou.
f) Přidejte rajčata a vařte 2 minuty. V tomto okamžiku budete mít vytvořený základ pro vaše jídlo.
g) Přidejte lilek. (Je důležité zachovat dřevité konce, abyste vy a vaši hosté mohli později vykousnout lahodný masitý střed.)
h) Přidejte sůl, garam masalu, koriandr a prášek z červeného chilli. Vařte 2 minuty.
i) Snižte teplotu, pánev částečně zakryjte a vařte dalších 10 minut.
j) Vypněte teplo, pánev úplně zakryjte a nechte 5 minut odležet, aby se všechny chutě skutečně propojily. Ozdobte koriandrem a podávejte s roti nebo naanem.

73. Základní zeleninové kari

SLOŽENÍ:

- 250 g zeleniny – nakrájené
- 1 lžička oleje
- ½ lžičky hořčičného semínka
- ½ lžičky semínek kmínu
- Špetka asafetida
- 4-5 kari listů
- ¼ lžičky kurkumy
- ½ lžičky koriandrového prášku
- Špetka chilli v prášku
- Strouhaný zázvor
- Čerstvé lístky koriandru
- Cukr / jaggery a sůl podle chuti
- Čerstvý nebo sušený kokos

INSTRUKCE:

a) Zeleninu nakrájejte na malé kousky (1-2 cm) v závislosti na zelenině.
b) Rozehřejte olej a poté přidejte hořčičná semínka. Když prasknou, přidejte kmín, zázvor a zbývající koření.
c) Přidejte zeleninu a vařte. V tuto chvíli možná budete chtít smažit zeleninu, dokud není uvařená, nebo přidat trochu vody, přikrýt hrnec a dusit.
d) Když je zelenina uvařená, přidejte cukr, sůl, kokos a koriandr.

74. Masala růžičková kapusta

SLOŽENÍ:

- 1 lžíce oleje
- 1 lžička semínek kmínu
- 2 šálky (474 ml) Gila Masala
- 1 šálek (237 ml) vody
- 4 polévkové lžíce (60 ml) kešu smetany
- 4 šálky (352 g) růžičkové kapusty, oříznuté a rozpůlené
- 1–3 nakrájené thajské, serrano nebo kajenské chilli papričky
- 2 lžičky hrubé mořské soli
- 1 lžička garam masala
- 1 lžička mletého koriandru
- 1 čajová lžička červeného chilského prášku nebo cayenne
- 2 lžíce nasekaného čerstvého koriandru na ozdobu

INSTRUKCE:

a) V hluboké, těžké pánvi rozehřejte olej na středně vysokou teplotu.
b) Přidejte kmín a vařte, dokud semena nezaprskají, asi 30 sekund.
c) Přidejte vývar ze severoindické rajčatové polévky, vodu, kešu smetanu, růžičkovou kapustu, chilli, sůl, garam masalu, koriandr a prášek z červeného chilli.
d) Přivést k varu. Snižte plamen a odkryté vařte 10 až 12 minut, dokud růžičková kapusta nezměkne.
e) Ozdobte koriandrem a podávejte s hnědou nebo bílou rýží basmati nebo s roti nebo naan.

75. Červená řepa s hořčičnými semínky a kokosem

SLOŽENÍ:

- 1 lžíce oleje
- 1 lžička semínek černé hořčice
- 1 středně žlutá nebo červená cibule, oloupaná a nakrájená na kostičky
- 2 lžičky mletého kmínu
- 2 lžičky mletého koriandru
- 1 lžička jihoindické masaly
- 1 lžíce neslazeného strouhaného kokosu
- 5–6 malých řep, oloupaných a nakrájených na kostičky (3 šálky [408 g])
- 1 lžička hrubé mořské soli
- 1½ [356 ml] šálku vody

INSTRUKCE:

a) V těžké pánvi rozehřejte olej na středně vysokou teplotu.
b) Přidejte hořčičná semínka a vařte, dokud nezaprskají, asi 30 sekund.
c) Přidejte cibuli a opékejte, dokud lehce nezhnědne, asi 1 minutu.
d) Přidejte kmín, koriandr, jihoindickou masalu a kokos. Vařte 1 minutu.
e) Přidejte řepu a vařte 1 minutu.
f) Přidejte sůl a vodu. Přiveďte k varu, snižte plamen, přikryjte pokličkou a vařte 15 minut.
g) Vypněte teplo a nechte pánev přikryté 5 minut odležet, aby pokrm mohl absorbovat všechny chutě. Podávejte s hnědou nebo bílou rýží basmati nebo s roti nebo naan.

76.Strouhaná masala squash

SLOŽENÍ:

- 2 lžíce oleje
- 2 lžičky semínek kmínu
- 2 lžičky mletého koriandru
- 1 lžička prášku z kurkumy
- 1 velká dýně nebo dýně (jakákoli zimní nebo letní dýně bude fungovat), oloupaná a nastrouhaná (8 šálků [928 g])
- 1 (2palcový [5cm]) kousek kořene zázvoru, oloupaný a nakrájený na zápalky (⅓ šálku [32 g])
- 1 lžička hrubé mořské soli
- 2 lžíce vody Šťáva z 1 citronu
- 2 lžíce nasekaného čerstvého koriandru

INSTRUKCE:

a) V hluboké, těžké pánvi rozehřejte olej na středně vysokou teplotu.
b) Přidejte kmín, koriandr a kurkumu. Vařte, dokud semínka nezaprskají, asi 30 sekund.
c) Přidejte dýni, kořen zázvoru, sůl a vodu. Vařte 2 minuty a dobře promíchejte.
d) Zakryjte pánev a snižte teplotu na středně nízkou. Vařte 8 minut.
e) Přidejte citronovou šťávu a koriandr. Podávejte s roti nebo naanem, nebo udělejte jako já a podávejte na opečeném anglickém muffinu přelitém na tenké plátky nakrájené kroužky žluté nebo červené cibule.

77. Praskající Okra

SLOŽENÍ:
- 2 lžíce oleje
- 1 lžička semínek kmínu
- 1 lžička prášku z kurkumy
- 1 velká žlutá nebo červená cibule, oloupaná a velmi nahrubo nakrájená
- 1 ks kořen zázvoru, oloupaný a nastrouhaný nebo nasekaný
- 3 stroužky česneku, oloupané a nasekané, nasekané nebo nastrouhané
- 2 libry okry, umyté, vysušené, oříznuté a nakrájené
- 1–2 thajské, serrano nebo kajenské chilli papričky, nakrájené
- ½ lžičky mangového prášku
- 1 čajová lžička červeného chilského prášku nebo cayenne
- 1 lžička garam masala
- 2 lžičky hrubé mořské soli

INSTRUKCE:
a) V hluboké, těžké pánvi rozehřejte olej na středně vysokou teplotu. Přidejte kmín a kurkumu. Vařte, dokud semena nezačnou prskat, asi 30 sekund.
b) Přidejte cibuli a vařte, dokud nezhnědne, 2 až 3 minuty. Toto je klíčový krok pro mou okra. Velké, mohutné kousky cibule by měly po celém povrchu zhnědnout a lehce zkaramelizovat. To bude vynikající základ pro konečné jídlo.
c) Přidejte kořen zázvoru a česnek. Vařte 1 minutu za občasného míchání.
d) Přidejte okra a vařte 2 minuty, dokud se okra nezbarví do jasně zelené barvy.
e) Přidejte chilli, mangový prášek, červený chilli prášek, garam masala a sůl. Vařte 2 minuty za občasného míchání.
f) Snižte teplotu na minimum a pánev částečně zakryjte. Vařte 7 minut za občasného míchání.
g) Vypněte teplo a nastavte víko tak, aby zcela zakrývalo hrnec. Nechte 3 až 5 minut odležet, aby se všechny chutě vstřebaly.
h) Ozdobte koriandrem a podávejte s hnědou nebo bílou rýží basmati, roti nebo naan.

78. Kořeněná zelená polévka

SLOŽENÍ:
- 2 lžíce oleje
- 1 lžička semínek kmínu
- 2 listy kasie
- 1 středně žlutá cibule, oloupaná a nahrubo nakrájená
- 1 ks kořen zázvoru, oloupaný a nastrouhaný nebo nasekaný
- 10 stroužků česneku, oloupaných a nahrubo nasekaných
- 1 malá brambora, oloupaná a nahrubo nakrájená
- 1–2 zelené thajské, serrano nebo kajenské chilli papričky, nakrájené
- 2 šálky (290 g) hrášku, čerstvého nebo mraženého
- 2 šálky (60 g) balené nakrájené zeleniny
- 6 šálků vody
- ½ šálku (8 g) nasekaného čerstvého koriandru
- 2 lžičky hrubé mořské soli
- ½ lžičky mletého koriandru
- ½ lžičky praženého mletého kmínu
- Šťáva z ½ citronu
- Krutony, na ozdobu

INSTRUKCE:

a) V hlubokém, těžkém polévkovém hrnci rozehřejte olej na středně vysokou teplotu.
b) Přidejte semínka kmínu a listy kasie a zahřívejte, dokud semínka nezaprskají, asi 30 sekund.
c) Přidejte cibuli, kořen zázvoru a česnek. Vařte další 2 minuty, občas promíchejte.
d) Přidejte brambory a vařte další 2 minuty.
e) Přidejte chilli, hrášek a zeleninu. Vařte 1 až 2 minuty, dokud zelí nezvadne.
f) Přidejte vodu. Přiveďte k varu, stáhněte plamen a 5 minut vařte bez pokličky.
g) Přidejte koriandr.
h) Kasii nebo bobkové listy vyjměte a rozmixujte ponorným mixérem.
i) Vraťte polévku do hrnce. Přidejte sůl, koriandr a mletý kmín. Vraťte polévku k varu. Přidejte citronovou šťávu.

79. Bramborové, květákové a rajčatové kari

SLOŽENÍ:
- 2 středně velké brambory, nakrájené na kostičky
- 1 1/2 šálku květáku, nakrájeného na růžičky
- 3 rajčata nakrájená na velké kousky
- 1 lžička oleje
- 1 lžička hořčičných semínek
- 1 lžička semínek kmínu
- 5-6 kari listů
- Špetka kurkumy – volitelné
- 1 lžička strouhaného zázvoru
- Čerstvé lístky koriandru
- Čerstvý nebo sušený kokos – strouhaný

INSTRUKCE:
a) Rozehřejte olej a poté přidejte hořčičná semínka. Když prasknou, přidejte zbývající koření a vařte 30 sekund.
b) Přidejte květák, rajče a brambory plus trochu vody, přikryjte a vařte za občasného míchání, dokud se neuvaří. Přidejte kokos, sůl a lístky koriandru.

80. Kořeněná čočková polévka

SLOŽENÍ:
- 1 šálek červené čočky (masoor dal), omyté a namočené
- 1 cibule, nakrájená nadrobno
- 1 rajče, nakrájené
- 1 mrkev, nakrájená na kostičky
- 1 řapíkatý celer, nakrájený
- 2 stroužky česneku, mleté
- 1-palcový zázvor, strouhaný
- 1 lžička semínek kmínu
- 1 lžička prášku z kurkumy
- 1 lžička koriandrového prášku
- 1/2 lžičky červeného chilli prášku
- Sůl podle chuti
- 4 hrnky zeleninového nebo kuřecího vývaru
- Listy čerstvého koriandru na ozdobu

INSTRUKCE:
a) V hrnci rozehřejte olej a přidejte semínka kmínu. Jakmile se rozpráší, přidejte nakrájenou cibuli, česnek a zázvor.
b) Smažte, dokud cibule nezprůsvitní, poté přidejte nakrájená rajčata, kurkumu, koriandr a červené chilli.
c) Přidejte namočenou čočku, na kostičky nakrájenou mrkev, celer a sůl. Dobře promíchejte.
d) Zalijeme vývarem a polévku přivedeme k varu. Dusíme, dokud čočka a zelenina nezměknou.
e) Před podáváním ozdobte lístky čerstvého koriandru.

81. Rajčatová a kmínová polévka

SLOŽENÍ:
- 4 velká rajčata, nakrájená
- 1 cibule, nakrájená
- 2 stroužky česneku, mleté
- 1 lžička semínek kmínu
- 1/2 lžičky červeného chilli prášku
- 1/2 lžičky cukru
- Sůl podle chuti
- 4 šálky zeleninového vývaru
- Listy čerstvého koriandru na ozdobu

INSTRUKCE:
a) V hrnci rozehřejte olej a přidejte semínka kmínu. Jakmile se rozpráší, přidejte nakrájenou cibuli a česnek.
b) Smažte, dokud cibule nezezlátne, poté přidejte nakrájená rajčata, prášek z červeného chilli, cukr a sůl.
c) Vařte, dokud rajčata nejsou měkká a kašovitá.
d) Zalijeme zeleninovým vývarem a polévku přivedeme k varu.
e) Před podáváním ozdobte lístky čerstvého koriandru.

82. Kořeněná dýňová polévka

SLOŽENÍ:
- 2 šálky dýně, nakrájené na kostičky
- 1 cibule, nakrájená
- 2 stroužky česneku, mleté
- 1-palcový zázvor, strouhaný
- 1 lžička semínek kmínu
- 1/2 lžičky koriandrového prášku
- 1/2 lžičky skořice v prášku
- Špetka muškátového oříšku
- Sůl a pepř na dochucení
- 4 šálky zeleninového vývaru
- 1/2 šálku kokosového mléka
- Čerstvý koriandr na ozdobu

INSTRUKCE:
a) V hrnci rozehřejte olej a přidejte semínka kmínu. Jakmile se rozpráší, přidejte nakrájenou cibuli, česnek a zázvor.
b) Smažte, dokud cibule nezprůsvitní, poté přidejte nakrájenou dýni, koriandrový prášek, skořici, muškátový oříšek, sůl a pepř.
c) Vařte několik minut, poté zalijte zeleninovým vývarem a vařte, dokud dýně nezměkne.
d) Polévku rozmixujte dohladka, vraťte do hrnce a vmíchejte kokosové mléko.
e) Před podáváním ozdobte čerstvým koriandrem.

83. Pikantní rajčatový Rasam

SLOŽENÍ:
- 2 velká rajčata, nakrájená
- 1/2 šálku tamarindového extraktu
- 1 lžička hořčičných semínek
- 1 lžička semínek kmínu
- 1/2 lžičky černého pepře
- 1/2 lžičky kurkumového prášku
- 1/2 lžičky rasamového prášku
- Špetka asafoetidy (hing)
- Kari listy
- Listy koriandru na ozdobu
- Sůl podle chuti

INSTRUKCE:
a) V hrnci rozehřejeme olej a přidáme hořčičná semínka. Jakmile prskají, přidejte kmín, černý pepř a kari listy.
b) Přidejte nakrájená rajčata, kurkumu, rasamový prášek, asafoetidu a sůl. Vařte, dokud rajčata nezměknou.
c) Zalijte tamarindovým extraktem a rasam přiveďte k varu. Vařte několik minut.
d) Před podáváním ozdobte lístky koriandru.

84. Koriandrová a mátová polévka

SLOŽENÍ:
- 1 šálek čerstvých listů koriandru
- 1/2 šálku čerstvých lístků máty
- 1 cibule, nakrájená
- 2 stroužky česneku, mleté
- 1 lžička semínek kmínu
- 1/2 lžičky koriandrového prášku
- 1/2 lžičky černého pepře
- 4 šálky zeleninového vývaru
- Sůl podle chuti
- Klínky citronu k podávání

INSTRUKCE:
a) V hrnci rozehřejte olej a přidejte semínka kmínu. Jakmile se rozpráší, přidejte nakrájenou cibuli a česnek.
b) Opékejte, dokud cibule nezprůsvitní, poté přidejte lístky čerstvého koriandru, lístky máty, koriandrový prášek, černý pepř a sůl.
c) Vařte několik minut, poté zalijte zeleninovým vývarem a vařte, dokud bylinky nezměknou.
d) Polévku rozmixujte do hladka, vraťte do hrnce a v případě potřeby dochuťte.
e) Podávejte s citronovou šťávou.

85. Dýňové kari s pikantními semínky

SLOŽENÍ:

- 3 šálky dýně – nakrájené na 1-2 cm kousky
- 2 polévkové lžíce oleje
- ½ lžičky hořčičných semínek
- ½ lžičky semínek kmínu
- Špetka asafetida
- 5-6 kari listů
- ¼ polévkové lžíce semínek pískavice řecké seno
- 1/4 lžičky semínek fenyklu
- 1/2 lžíce strouhaného zázvoru
- 1 polévková lžíce tamarindové pasty
- 2 polévkové lžíce – suchý, mletý kokos
- 2 polévkové lžíce pražených mletých arašídů
- Sůl a hnědý cukr nebo jaggery podle chuti
- Čerstvé lístky koriandru

INSTRUKCE:

a) Rozehřejte olej a přidejte hořčičná semínka. Když prasknou, přidejte kmín, pískavici, asafetidu, zázvor, kari listy a fenykl. Vařte 30 sekund.

b) Přidejte dýni a sůl. Přidejte tamarindovou pastu nebo vodu s dužinou uvnitř. Přidejte jaggery nebo hnědý cukr. Přidejte mletý kokos a arašídový prášek. Vařte ještě pár minut. Přidejte čerstvý nasekaný koriandr.

86. Tamarind Ryba Curry

SLOŽENÍ:
- 1 1/2 libry, síh, nakrájený na kousky
- 3/4 lžičky a 1/2 lžičky prášku z kurkumy
- 2 čajové lžičky tamarindové dužiny, namočené ve 1/4 šálku horké vody na 10 minut
- 3 lžíce rostlinného oleje
- 1/2 lžičky semínka černé hořčice
- 1/4 lžičky semínek pískavice řecké seno
- 8 čerstvých kari listů
- velká cibule, nasekaná
- Serrano zelené chilli papričky se semínky a mleté
- malá rajčata, nakrájená
- 2 sušené červené chilli papričky, nahrubo namleté
- 1 lžička semínek koriandru, nahrubo namletých
- 1/2 šálku neslazeného sušeného kokosu
- Stolní sůl, podle chuti
- 1 šálek vody

INSTRUKCE:
a) Vložte rybu do misky. Dobře rozetřete 3/4 lžičky kurkumy a nechte asi 10 minut stát. Opláchněte a osušte.
b) Tamarind sceďte a tekutinu dejte stranou. Zbytek zlikvidujte.
c) Ve velké pánvi rozehřejte rostlinný olej. Přidejte semínka hořčice a semínka pískavice. Když začnou prskat, přidejte kari listy, cibuli a zelené chilli. Smažte 7 až 8 minut, nebo dokud cibule dobře nezhnědne.
d) Přidejte rajčata a vařte dalších 8 minut nebo dokud se olej nezačne oddělovat od stěn směsi. Přidejte zbývající 1/2 lžičky kurkumy, červené chilli, semínka koriandru, kokos a sůl; dobře promíchejte a vařte dalších 30 sekund.
e) Přidejte vodu a přecezený tamarind; přivést k varu. Snižte teplotu a přidejte rybu. Vařte na mírném ohni 10 až 15 minut, nebo dokud není ryba zcela propečená. Podávejte horké.

87. Losos v kari s příchutí šafránu

SLOŽENÍ:
- 4 lžíce rostlinného oleje
- 1 velká cibule, nakrájená nadrobno
- lžička zázvorovo-česnekové pasty
- 1/2 lžičky červeného chilli prášku
- 1/4 lžičky kurkumového prášku
- lžičky koriandrového prášku
- Stolní sůl, podle chuti
- 1 libra lososa, vykostěná a
- krychlový
- 1/2 šálku bílého jogurtu, našlehaného
- 1 lžička pečeného šafránu

INSTRUKCE:
a) Ve velké nepřilnavé pánvi rozehřejte rostlinný olej. Přidejte cibuli a opékejte 3 až 4 minuty nebo dokud nebude průhledná. Přidejte zázvorovo-česnekovou pastu a restujte 1 minutu.
b) Přidejte prášek z červeného chilli, kurkumu, koriandr a sůl; dobře promíchejte. Přidejte lososa a restujte 3 až 4 minuty. Přidejte jogurt a snižte teplotu. Dusíme, dokud se losos neprovaří. Přidejte šafrán a dobře promíchejte. Vařte 1 minutu. Podávejte horké.

88. Okra kari

SLOŽENÍ:

- 250 g okry (dámský prst) – nakrájené na 1 cm kousky
- 2 lžíce strouhaného zázvoru
- 1 polévková lžíce hořčičných semínek
- 1/2 lžičky semínek kmínu
- 2 polévkové lžíce oleje
- Sůl podle chuti
- Špetka asafetida
- 2-3 polévkové lžíce praženého arašídového prášku
- Listy koriandru

INSTRUKCE:

a) Rozehřejte olej a přidejte hořčičná semínka. Když prasknou, přidejte kmín, asafetidu a zázvor. Vařte 30 sekund.

b) Přidejte okra a sůl a míchejte, dokud se neuvaří. Přidejte arašídový prášek, vařte dalších 30 sekund.

c) Podávejte s lístky koriandru.

89. Zeleninové Kokosové Kari

SLOŽENÍ:
- 2 středně velké brambory, nakrájené na kostičky
- 1 1/2 šálku květáku – nakrájíme na růžičky
- 3 rajčata nakrájená na velké kousky
- 1 polévková lžíce oleje
- 1 polévková lžíce hořčičných semínek
- 1 polévková lžíce semínek kmínu
- 5-6 kari listů
- Špetka kurkumy – volitelné
- 1 polévková lžíce strouhaného zázvoru
- Čerstvé lístky koriandru
- Sůl podle chuti
- Čerstvý nebo sušený kokos – strouhaný

INSTRUKCE:
a) Rozehřejte olej a poté přidejte hořčičná semínka. Když prasknou, přidejte zbývající koření a vařte 30 sekund.
b) Přidejte květák, rajče a brambory plus trochu vody, přikryjte a vařte za občasného míchání, dokud se neuvaří. Mělo by zůstat trochu tekutiny. Pokud chcete suché kari, pak pár minut opékejte, dokud se voda neodpaří.
c) Přidejte kokos, sůl a lístky koriandru.

90.Kapustové kari

SLOŽENÍ:
- 3 hrnky zelí – nakrájené
- 1 lžička oleje
- 1 lžička hořčičných semínek
- 1 lžička semínek kmínu
- 4-5 kari listů
- Špetka kurkumy r volitelná
- 1 lžička strouhaného zázvoru
- Čerstvé lístky koriandru
- Sůl pro chuť
- Volitelné – ½ šálku zeleného hrášku

INSTRUKCE:
a) Rozehřejte olej a poté přidejte hořčičná semínka. Když prasknou, přidejte zbývající koření a vařte 30 sekund.
b) Přidejte zelí a další zeleninu, pokud používáte, za občasného míchání, dokud se důkladně neuvaří. V případě potřeby lze přidat vodu.
c) Podle chuti dosolíme a přidáme lístky koriandru.

91.Karfiolové kari

SLOŽENÍ:
- 3 šálky květáku – nakrájíme na růžičky
- 2 rajčata – nakrájená
- 1 lžička oleje
- 1 lžička hořčičných semínek
- 1 lžička semínek kmínu
- Špetka kurkumy
- 1 lžička strouhaného zázvoru
- Čerstvé lístky koriandru
- Sůl podle chuti
- Čerstvý nebo sušený kokos – strouhaný

INSTRUKCE:
a) Rozehřejte olej a poté přidejte hořčičná semínka. Když prasknou, přidejte zbývající koření a vařte 30 sekund. Pokud používáte, přidejte v tomto okamžiku rajčata a vařte 5 minut.
b) Přidejte květák a trochu vody, přikryjte a vařte za občasného míchání, dokud se důkladně neuvaří. Pokud chcete sušší kari, pak v posledních minutách sundejte poklici a smažte. Na posledních pár minut přidejte kokos.

92. Karfiolové a bramborové kari

SLOŽENÍ:

- 2 šálky květáku – nakrájíme na růžičky
- 2 středně velké brambory, nakrájené na kostičky
- 1 lžička oleje
- 1 lžička hořčičných semínek
- 1 lžička semínek kmínu
- 5-6 kari listů
- Špetka kurkumy – volitelné
- 1 lžička strouhaného zázvoru
- Čerstvé lístky koriandru
- Sůl podle chuti
- Čerstvý nebo sušený kokos – strouhaný
- Citronová šťáva - podle chuti

INSTRUKCE:

a) Rozehřejte olej a poté přidejte hořčičná semínka. Když prasknou, přidejte zbývající koření a vařte 30 sekund.
b) Přidejte květák a brambory s trochou vody, přikryjte a vařte za občasného míchání, dokud nejsou téměř uvařené.
c) Sundejte poklici a opékejte, dokud se zelenina neuvaří a voda se neodpaří.
d) Přidejte kokos, sůl, lístky koriandru a citronovou šťávu.

93. Dýňové kari

SLOŽENÍ:
- 3 šálky dýně – nakrájené na 1-2 cm kousky
- 2 lžičky oleje
- ½ lžičky hořčičného semínka
- ½ lžičky semínek kmínu
- Špetka asafetida
- 5-6 kari listů
- ¼ lžičky semínek pískavice řecké seno
- 1/4 lžičky fenyklových semínek
- 1/2 lžičky strouhaného zázvoru
- 1 lžička tamarindové pasty
- 2 polévkové lžíce – suchý, mletý kokos
- 2 polévkové lžíce pražených mletých arašídů
- Sůl a hnědý cukr nebo jaggery podle chuti
- Čerstvé lístky koriandru

INSTRUKCE:
a) Rozehřejte olej a přidejte hořčičná semínka. Když prasknou, přidejte kmín, pískavici, asafetidu, zázvor, kari listy a fenykl. Vařte 30 sekund.
b) Přidejte dýni a sůl.
c) Přidejte tamarindovou pastu nebo vodu s dužinou uvnitř. Přidejte jaggery nebo hnědý cukr.
d) Přidejte mletý kokos a arašídový prášek. Vařte ještě pár minut.
e) Přidejte čerstvý nasekaný koriandr.

94. Smažte zeleninu

SLOŽENÍ:
- 3 šálky nakrájené zeleniny
- 2 lžičky strouhaného zázvoru
- 1 lžička oleje
- ¼ lžičky asafetida
- 1 polévková lžíce sójové omáčky
- Čerstvé bylinky

INSTRUKCE:
a) Na pánvi rozehřejte olej. Přidejte asafetidu a zázvor. Smažte 30 sekund.
b) Přidejte zeleninu, která se musí vařit nejdéle, jako jsou brambory a mrkev. Smažte minutu a poté přidejte trochu vody, přikryjte a vařte do poloviny.
c) Přidejte zbývající zeleninu, jako jsou rajčata, kukuřice a zelený pepř. Přidejte sójovou omáčku, cukr a sůl. Přikryjeme a dusíme téměř do uvaření.
d) Odstraňte víko a smažte ještě několik minut.
e) Přidejte čerstvé bylinky a nechte pár minut, aby se bylinky spojily se zeleninou.

95. Rajčatové kari

SLOŽENÍ:
- 250 g rajčat – nakrájených na kousky o délce jednoho palce
- 1 lžička oleje
- ½ lžičky hořčičného semínka
- ½ lžičky semínek kmínu
- 4-5 kari listů
- Špetka kurkumy
- Špetka asafetida
- 1 lžička strouhaného zázvoru
- 1 brambor – uvařený a rozmačkaný – volitelné – na zahuštění
- 1 až 2 polévkové lžíce praženého arašídového prášku
- 1 polévková lžíce sušeného kokosu – volitelné
- Cukr a sůl podle chuti
- Listy koriandru

INSTRUKCE:

a) Rozehřejte olej a přidejte hořčičná semínka. Když prasknou, přidejte kmín, kari listy, kurkumu, asafetidu a zázvor. Vařte 30 sekund.

b) Přidejte rajčata a pokračujte v občasném míchání, dokud se neuvaří. Pro tekutější kari lze přidat vodu.

c) Přidejte pražený arašídový prášek, cukr, sůl a kokos, pokud používáte, plus bramborovou kaši. Vařte další minutu. Podávejte s lístky čerstvého koriandru.

96.Bílá tykev kari

SLOŽENÍ:
- 250 g ra ms' bílé tykve
- 1 lžička oleje
- ½ lžičky hořčičného semínka
- ½ lžičky semínek kmínu
- 4-5 kari listů
- Špetka kurkumy
- Špetka asafetida
- 1 lžička strouhaného zázvoru
- 1 až 2 polévkové lžíce praženého arašídového prášku
- Hnědý cukr a sůl podle chuti

INSTRUKCE:
a) Rozehřejte olej a přidejte hořčičná semínka. Když prasknou, přidejte kmín, kari listy, kurkumu, asafetidu a zázvor. Vařte 30 sekund.
b) Přidejte bílou dýni, trochu vody, přikryjte a vařte za občasného míchání, dokud se neuvaří.
c) Přidejte pražený arašídový prášek, cukr a sůl a vařte další minutu.

97. Míchané zeleninové a čočkové kari

SLOŽENÍ:

- ¼ šálku toor nebo mung dal
- ½ šálku zeleniny – nakrájené na plátky
- 1 šálek vody
- 2 lžičky oleje
- ½ lžičky semínek kmínu
- ½ lžičky strouhaného zázvoru
- 5-6 kari listů
- 2 rajčata – nakrájená
- Citron nebo tamarind podle chuti
- Jaggery podle chuti
- ½ soli nebo podle chuti
- Sambhar masala
- Listy koriandru
- Čerstvý nebo sušený kokos

INSTRUKCE:

a) Toor dal a zeleninu vařte společně v tlakovém hrnci 15–20 minut (1 hvizd) nebo v hrnci.
b) V samostatné pánvi rozehřejte olej a přidejte kmín, zázvor a kari listy. Přidejte rajčata a vařte 3–4 minuty.
c) Přidejte směs sambhar masala a směs zeleniny dal.
d) Minutu společně povařte a poté přidejte tamarind nebo citron, jaggery a sůl. Vařte ještě 2–3 minuty. Ozdobte kokosem a koriandrem

98. Ananasovo-zázvorová šťáva

SLOŽENÍ:
- 2 šálky kousky ananasu
- 1-palcový kousek místního zázvoru, nastrouhaný
- 1 šálek vody
- Šťáva z 1 limetky
- Med nebo sladidlo dle chuti
- Ledové kostky

INSTRUKCE
a) V mixéru smíchejte kousky ananasu, nastrouhaný zázvor, vodu, limetkovou šťávu a med.
b) Mixujte, dokud nebude hladká a dobře spojená.
c) Ochutnejte a upravte sladkost a kyselost dle libosti.
d) Sklenice naplňte kostkami ledu a zalijte ananasovo-zázvorovou šťávou led.
e) Jemně promíchejte a nechte pár minut vychladnout.
f) Ananasovo-zázvorovou šťávu podávejte studenou pro osvěžující a pikantní nápoj.

99.Marakuja šťáva

SLOŽENÍ:
- 8-10 zralých plodů mučenky
- 4 šálky vody
- Cukr nebo med podle chuti
- Ledové kostky

INSTRUKCE
a) Mučenky překrojte napůl a dužinu vydlabejte do mixéru.
b) Přidejte vodu do mixéru.
c) Mixujte při vysoké rychlosti několik sekund, dokud se dužina a voda dobře nepromíchají.
d) Šťávu přeceďte do džbánu, abyste odstranili semínka.
e) Přidejte cukr nebo med podle chuti a dobře míchejte, dokud se nerozpustí.
f) Sklenice naplňte kostkami ledu a zalijte led šťávou z marakuji.
g) Jemně promíchejte a nechte pár minut vychladnout.
h) Podávejte šťávu z mučenky studenou a vychutnejte si její tropickou a pikantní chuť.

100.Smažená tilapie

SLOŽENÍ:
- 2 středně velké ryby tilapie, očištěné a zbavené šupin
- 1 lžička prášku z kurkumy
- 1 lžička papriky
- 1 lžička mletého kmínu
- 1 lžička mletého koriandru
- 1 lžička česnekového prášku
- 1 lžička zázvorového prášku
- 1 lžička soli, nebo podle chuti
- Rostlinný olej na smažení
- Klínky citronu k podávání
- Listy čerstvého koriandru na ozdobu (volitelné)

www.ingramcontent.com/pod-product-compliance
Lightning Source LLC
Chambersburg PA
CBHW071328110526
44591CB00010B/1061